KB154298

근대
질문하는 한국사 4

전영욱 글 — 최경식 그림

근대는 아픈 역사일까?

근대

질문하는 한국사 4

나무를 심는 사람들

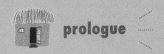 prologue

역사를 잊은 민족에게는
정말 미래가 없을까?

역사에 그다지 관심이 없더라도 '역사를 잊은 민족에게 미래는 없다'라는 말은 한 번쯤 들어 봤을 겁니다. 혹시 이 말을 누가 했다고 알고 있나요? 여러분 중에 "신채호!"라고 답하는 사람이 있겠지만, 사실 누가 이 말을 했는지는 아무도 모릅니다. 학자들은 이를 '출처가 없다'고 표현합니다. 좀 의아한가요? 대신에 다른 질문을 해 보는 건 어떨까요? 이를테면 "왜 우리는 신채호가 저 말을 했다고 알고 있었던 걸까?" 같은 질문은 어떨까요?

신채호는 한국인들이 손꼽는 '위대한 민족주의자' 중의 한 사람입니다. 나중에는 아나키스트가 되는데, 여기에 관한 이야기는 이 책의 맨 뒤에서 다루겠습니다. 신채호가 1908년에 쓴 '독사신론(讀史新論)'은 정말 유명한 글이에요. 역사를(史) 읽는(讀) 새로운(新) 방법(論)이라는 뜻입니다. 말 그대로 이전과는 다른 식으로 역사를 보려 했던 거죠. 조선 시대까지는 왕이 한 일들이 가장 중요한 역사로 취급되었는데, 신채호는 왕이 아니라 민족을 역사의 주인공이라고 선언했습니다. 그래서 학자들은 신채호를 '최초의 민족 사학자'로 평가해요.

신채호는 한국 근대사에서 일제에 비타협적이었던 인물로 손꼽힙니다. 정도는 다르지만, 많은 사람들이 '민족을 위해' 또는 '독립운동을 위해' 일제와 타협했습니다. 하지만 신채호는 너무 하다 싶을 정도로 그러지 않았어요. 오랜 감옥 생활로 건강이 너무 나빠지자 가족들이 '친일파' 한 명의 보증을 받아 출감을 권유한 적이 있었는데, 단호히 거절했을 정도였으니까요(그리고 1년도 안 되어 사망합니다). 식민지라는 역사를 가진 한국에 이런 고결한 위인이 있다는 건 해방 이후 한국인에게 많은 영감을 주었을 겁니다.

이러니 저 말을 신채호 같은 사람이 했다고 생각하는 건 어찌 보면 자연스러울지도 모르겠습니다. 사실 저 말은 우리가 역사를 어떻게 생각하고 있는지를 보여 주거든요. 여러분! 역사를 왜 배워야 하는 걸까요? 이 질문에 답하기는 굉장히 어려워야 합니다. 역사와 우리의 삶이 무슨 관계인지를 구체적으로 탐구해야 답할 수 있을 테니까요. 하지만 어느덧 사람들의 답은 너무 간단해졌습니다. "역사를 왜 배워야 해?"라고 물으면, "역사를 잊은 민족에게는 미래가 없으니까!"라고 답하고 마는 거죠.

역사-민족-미래의 관계는 과연 저 말처럼 명확할까요? 그러면 역사는 무엇일까요? 민족은요? 미래는 무엇입니까? 우리는 무엇을 잊어야 하고 잊지 말아야 하는 걸까요? 또 우리는 무엇을 잊었고 무엇을 기억하고 있는 걸까요? 왜 이건 기억하고 저건 기억하지 않는 걸까요? 먼 훗날에 2020년은 무엇이 기억되고 무엇이 잊힐까요? 그러니까 저 말은 이러한 수많은 질문들과 함께 있을 때만 '명언'이 될 수 있습니다. 솔직히 말하면 골치가 아파야 맞습니다.

　역사는 우리의 속을 시원하게 뚫어 주지 않는 것 같아요. 굳이 표현하자면 역사는 사이다가 아니라 고구마가 되어야 합니다. 목이 꽉 막히고 속이 더부룩한 답답함은 새로운 사실을 마주하거나 지금까지 당연하게 생각했던 걸 의심하게 될 때 생깁니다. 예를 들어 여러분은 식민지 역사를 어떻게 기억하나요? "일제가 우리를 착취하고 수탈했어." 이렇게만 대답하면 하나도 답답하지 않을 겁니다. 아픈 역사를 기억하고 일본을 미워하면 되니까요. 하지만 일제를 몰아냈는데도 계속 괴로워하는 사람들이 있다는 걸 알게 되면 조금 답답해지기 시작할 겁니다. 그런데 그 이유가 식민지 역사 구석구석에 있다면? 또 지금 우리가 당연하게 생각하는 것들이 식민지에서 비롯되었다는 걸 알게 되면 더욱 답답해질지도 모릅니다. '아직 해방이 안 된 거야?' 갑자기 이런 의문이 생길 수도 있겠죠. 하지만 바로 이런 답답함에서 시작하는 겁니다. 역사는 고구마이고, 우리의 삶은 고구마를 소화시키기 위해 끊임없이 고민하는 것 아닐까요? 그리고 이런 삶 자체가 역사인 것이겠죠.

조금 미안하지만 이 책을 통해 답답함을 느끼고 고민을 하게 된다면 저로서는 대성공입니다. 나머지는 여러분의 몫입니다.

 차례

5장
전쟁에 동원되다

6장
일제 강점기의 생활과 문화

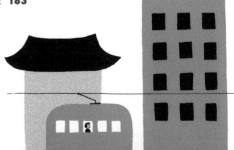

7장
일제 강점기를 살아간 사람들

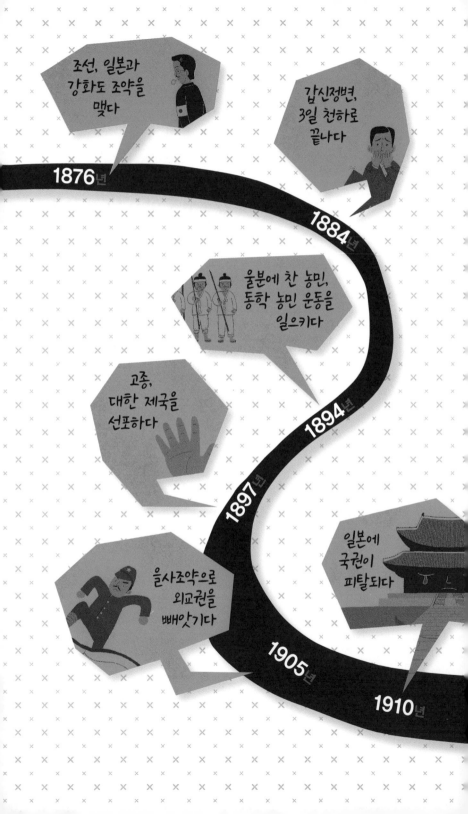

1장

근대의
시작

1

제국은 뭐고
식민지는 뭘까?

예전에 '제국의 아이들'이란 아이돌이 있었습니다. 그런데 '식민지의 아이들' 같은 이름은 왜 없을까요? 게임 중에도 에이지 오브 엠파이어(Age of Empire) 등이 있고, 다른 문화 콘텐츠에도 제국 혹은 엠파이어라는 말이 곧잘 들어가는데 말이죠. 식민지가 안 좋은 거라 안 들어가는 건 알겠는데, 그럼 제국은 좋은 것일까요?

 이 책은 역사책인데, 본문을 축구 이야기로 시작할게요. 지네딘 지단이라는 전설적인 축구 선수를 아나요? 지금은 레알 마드리드의 감독이고, 국적은 프랑스입니다. 부모가 알제리 사람이라 '알제리계 프랑스인'으로 불려요. 알제리는 아프리카의 한 나라이고, 1962년까지 프랑스의 식민지였습니다. 꽤 최근의 일이군요. 알제리 사람들의 저항은 매우 격렬했어요. 알제리 전쟁(1954~1962)은 세계사에서도 손꼽히는 독립 전쟁입니다. 지단의 부모는 알제리 전쟁 직전 지금의 프랑스로 이주했고, 지단을 낳았습니다. 프랑스 축구 선수 중에는 '알제리계'가 드물지 않은데, 여기에는 알제리가 식민지이고 프랑스가 제국이었던 역사가 담겨 있습니다.

알제리가 식민지였다는 사실은 아프리카 지도에 정말 잘 나타납니다. 아프리카에는 직선 모양의 국경선이 많아요. 알제리만이 아니라 모로코, 이집트, 수단 등 아프리카의 여러 나라가 그렇습니다. 왜 이런 걸까요? 영국, 프랑스, 독일, 벨기에 등 유럽의 제국들이 자기들 마음대로 아프리카를 나눴기 때문입니다. '누가 더 많이 식민지를 차지하나?' 아주 치밀하게 측량을 했대요. 19세기 유럽 제국은 마치 내기라도 한 것 같았어요. 아프리카 주민들의 의사는 철저하게 무시했습니다. '유럽은 문명이고, 아프리카는 야만이잖아', '문명인이 야만인을 다스린다는 데 뭐가 문제야?' 이런 생각에 한 치의 의심도 없었습니다. 이제 세계는 제국과 식민지로 가득 차기 시작합니다. 말 그대로 '제국의 시대'가 도래한 거죠.

"제국은 문명이고 식민지는 야만이라고?"

근대는 제국과 식민지로 시작되었어요. 서양 제국들은 19세기부터 본격적으로 식민지를 만들기 시작합니다. 아프리카야 지중해만 넘으면 되니까 이미 존재를 알고 있었지만, 아프리카 말고 다른 곳도 필요했습니다. 아시아는 매력적인 시장이었지만, 서양은 아시아를 꽤 막연하게 알고 있었어요. 그래도 '제국의 시대'의 주인공이었으니 칼자루를 쥐고 있었습니다. 아시아의 여러 나라들은 밀어닥치는 제국에 어떻게 적응해야 할지 고민하고 방법을 찾아갑니다. 예를 들어 일본은 스스로 제국이 되죠. 일본의 일부 역사학자들이 '일제'를 정당화하는 논리도 이런 겁니다. '제국이 되지 않았으면 식민지가 되었을 것이다.'

그럼 조선은 어떻게 했을까요? 청나라는 땅이 넓어서 유럽과 국경이 맞닿아 있었습니다. 일본도 꽤 일찍부터 서양의 존재를 알고 있었고요. 조선은 그렇지 않았습니다. 서양과 접촉하는 순간이 많아지면서 조선은 양이(洋夷)라는 표현을 썼어요. 바다(洋)를 건너 온 오랑캐(夷)라는 뜻이죠. 1866년의 병인양요와 1871년의 신미양요는 이런 입장을 잘 드러냅니다. 요(擾)는 소란이란 뜻인데, 그러니까 서양은 소란을 일으킨 오랑캐일 뿐인 거죠. 하지만 이 생각은 머지않아 달라집니다. 서양의 힘을 체감하고, 듣도 보도 못한 문물이 청나라와 일본을 거쳐 조선에도 흘러넘쳤습니다. 지식인들은 문명이란 말을 유행어처럼 사용했어요.

문제는 문명이란 유행어가 제국에서 왔다는 데 있습니다. 제국은 식민지 정복을 위해 문명과 야만을 들이밀었잖아요? '강자는 살고 약자는 망한다.' 제국은 어쩌면 자신의 식민지가 될지 모를 조선에 문명국의 지위를 부여하지 않았습니다. 조선은 야만일 뿐이었습니다. '고요한 아침의 나라'라는 말을 들어 보았나요? 어감은 아름다운 것 같지만 결코 좋은 뜻이 아닙니다. '일본에 갔다가 조선에 오니 아프리카 사람들처럼 무기력하다.' 어떤 프랑스인이 미개한 조선을 표현한 말이죠.

아이로니컬하게도 아프리카를 야만으로 취급하는 조선인들도 있었습니다. '유럽 사람들이 아프리카의 형편을 측은하게 여겨 엄하게 가르쳤는데, 아무리 해도 고쳐지지 않아 오이 나누듯이 나누었다.' 마치 제국을 긍정하고 있는 것 같죠? 자신을 야만이라고 하는 상대방을 긍정해야 하다니……. 이런 비극이 또 있을까요?

뒤에서 윤치호라는 사람을 다룰 텐데, 여기에서 먼저 언급해 보겠습니다. 윤치호가 미국에서 생활하던 1892년의 어느 날, 두서없이 이런 생각을 했다고 합니다.

> 푸른 눈, 금빛 머리, 그리고 불그스레한 얼굴을 가진 백인 아이는 말할 필요도 없이 천사를 떠올리게 한다. 그러나 내 상상의 맨 끝을 지나서라도 흑인 남자아이나 여자아이 가운데 천사가 떠오르지 않는다.

상상의 맨 끝……. 윤치호는 제국의 편견에 완벽히 물들었습니다. 아무리 상상해도 '흑인'은 야만일 수밖에 없다는 거겠죠. 이런 밑도 끝도 없는 편견을 퍼뜨리는 것이 제국의 전략이었습니다. 알아서 지배받기를 원하는 거죠. 어느덧 서양으로부터 문명임을 인정받은 일본과 조선의 관계가 이렇게 바뀌기 시작했습니다. 윤치호의 '상상의 맨 끝'을 넘으려고 했던 사람들만이 이 상황에 반기를 들었죠.

2

김옥균은 왜 실패했을까?

'3일 천하'로 표현되는 갑신정변을 알고 있나요? 이 사건의 주도자는 김옥균, 박영효, 서광범 등이었습니다. 당시 이들의 나이는 대략 20대에서 30대 초중반으로 패기가 매우 대단했어요. 조선을 개화시켜야 한다는 확고한 사명감을 정변으로까지 이어 나갔으니까요. 3일간의 짧은 꿈이 끝나자 이들은 일본으로 망명을 갑니다.

 1894년 3월, 중국 상하이의 호텔 동화양행에서 세 발의 총성이 울렸습니다. 이 호텔에 머물던 김옥균이 홍종우에게 살해된 것입니다. 1884년 12월에 조선을 떠나 10년 가까이 계속된 망명 생활이 죽음으로 끝난 거죠. 조선 정부는 김옥균의 시체를 인도 받아 머리, 몸, 팔, 다리 여섯 조각으로 찢고, 전국에 순회시켰습니다. 그만큼 당시 조선 정부가 김옥균에게 품고 있던 적개심은 매우 컸어요. '대역부도옥균(大逆不道玉均)' 즉, '나라에 죄를 짓고 도리를 어긴 옥균'이란 뜻의 글자가 언제나 시체 옆에 있었습니다. 여기에는 어떤 역사가 있었을까요?

우선 당시 조선의 상황을 이야기해 봅시다. 19세기 중반 이후, 조선인들이 접하는 나라 바깥소식은 어느 것 하나 놀랍지 않은 게 없었습니다. 조선인들은 서양 세력이 밀려온다는 걸 실감했습니다. 자신들이 익히 알던 '중화 질서'에 금이 가고 있다는 것도 느꼈죠. 조선은 중국에 조공을 하고 중국은 조선에 책봉을 하는 기브 앤 테이크(give and take)를 하되 '사대의 예를 갖추는 것'이

중화 질서의 핵심이었습니다. 흥선 대원군이 펼친 쇄국 정책은 바로 '이 중화 질서가 이상하다. 지키자.' 이런 의미였을 겁니다. 하지만 쇄국 정책은 너무나 강력해서 문제를 불러일으켰어요.

고종은 아버지와 조금 달랐습니다. '중화 질서가 이상하다. 알아보자.' 이 정도 뉘앙스면 적당할 것 같군요. 고종의 태도는 1875년 일본이 일으킨 운요호 사건을 대하는 방식을 보면 잘 알 수 있습니다. 고종은 일본과 '외교'를 했고, 그 결과 1876년 1월에 최초의 근대적 조약(조일 수호 조규, 일명 강화도 조약)을 체결하게 됩니다.

하지만 조선은 중화 질서가 이상하다는 생각은 했어도 일본도 그 원인일 거라고 상상도 하지 못했습니다. 그래서 '조선은 자주국이며 일본국과 평등한 권리를 보유한다'는 조약의 문구가 중화 질서를 완전히 뒤흔들 거라고는 생각하지 않았죠. 하지만 강화도 조약 이후 일본과 자주 접촉하다 보니 세상이 달라지고 있다는 걸 알게 되었어요. 마침내 이 변화에 대응해야 한다는 걸 깨닫습니다. 개화(開化)!

"개화를 위한 행동이 개화를 막아"

조선에게 개화는 '맨땅에 헤딩' 하고 비슷했어요. 모델이 필요했습니다. 자연스럽게 청나라와 일본이 떠오르죠. 조선의 지식인들은 두 나라가 가진 제국의 욕망을 가벼이 여겼습니다. 두 나라가 조선을 놓고 격렬하게 경쟁했지만, 조선의 위정자들이 취할 수 있는 선택지는 그리 많지 않았어요. 젊은 김옥균은 이런 상황이 답답했습니다. 김옥균은 청나라로부터 벗어나야 부국강병을 할 수 있다고 보았어요. 마침내 동지들과 함께 '꼰대'들을 몰아내고 정권을 잡기로 결심합니다. 1884년 10월 17일 일어난 '갑신정변'은 이런 '젊은' 지식인들의 신념과 일본의 후원이 합체해서 벌어진 사건이었어요. 이들이 반포한 14개 조의 '정령'은 무척 혁명적이었죠. 조선의 개화를 너무도 바랐던 것입니다.

하지만 일본과 청나라의 욕망을 잘 파악하지 못한 것은 김옥균 등도 마찬가지였습니다. 일본을 등에 업자 청나라가 개입했고, 갑신정변은 3일 천하로 끝이 나죠. 이후 개화도 완전히 동력을 잃어버립니다. 개화를 위한 행동이 결국 개화를 막아 버린 셈이에요. 김옥균에 대한 조선 정부의 적개심은 바로 개화에 대한 태도와 비슷할 겁니다.

김옥균은 3일 천하가 끝나자마자 일본으로 망명을 떠납니다. 망명 생활은 순탄치 못했습니다. 일본과 청나라는 그를 정치적으로 이용하려 하거나 제거하려 했으니까요. 일본은 그의 죽음마저 청일 전쟁의 구실로 삼았죠. 김옥균의 신념은 정치적으로 이용당했어요. 이것은 마치 조선이 마주한 현실과 비슷했다는 생각이 들기도 합니다.

2

3

일군만민

1894년, 농민들은 무엇을 위해 싸웠을까?

2018년 4월 24일, 서울 종각역 앞에서 '녹두 장군 전봉준' 동상 제막식이 열렸습니다. 전봉준은 1894년 한 해를 수놓은 동학 농민 운동의 지도자로, 동상은 전봉준이 서울로 압송될 때 찍힌 사진을 형상화했어요. 1894년 농민들은 조선 전체를 세차게 뒤흔들었습니다. 그들은 무엇 때문에 거의 1년이라는 긴 시간 동안 싸움을 계속했던 것일까요?

1894년, 이사벨라 버드 비숍(Isabella B. Bishop)이란 영국 여성이 조선에 도착했습니다. 그리고 3년간 중국과 조선을 여행한 경험을 책으로 내죠. 영국에서 베스트셀러가 된 이 책『Korea and her Neighbours』는 한국에는『조선과 그 이웃 나라들』로 번역되어 있어요. 다소 벗어나는 이야기이지만, 제목 가지고도 이야기할 거리가 있기는 하죠. 왜 'Korea'는 'his'가 아니라 'her'일까요? 이 질문에 대한 답은 '제국과 식민지'를 설명한 첫 장에서 힌트를 얻기 바랍니다.

하여튼 이 책의 한 구절을 인용하겠습니다. 농민들이 싸운 이유를 조금 짐작할 수 있는 대목이 있기 때문입니다.

동학당은 자신들이 부패하고 불충한 관리에 반대하여 일어났다고 표명하는 한편, 왕위에 대한 굳건한 충의를 공언하고 있다. 그들의 선언은 신뢰할 만하다고 생각된다. 만일 조선 어딘가에 애국심이 고동치고 있다면 그것은 바로 이들 농민 속에 있다.

짧은 인용문이지만, 꽤 많은 내용을 담고 있어요. 특히 첫 문장이 중요합니다. 농민들이 '왜' 싸웠는지를 설명하고 있으니까요. 농민들은 관료들이 부패했다고 생각했어요. 그리고 왕에게 충성하지 않는다고 생각했습니다. 왕에게 충성하지 않았다고 싸운다니 이게 도대체 무슨 뜻일까요? 이 질문을 해결하려면 동학 농민 운동이 일어나기까지 어떤 일들이 있었는지를 조금은 이해하고 있어야 해요. 이는 '농민들이 자신들을 무엇이라고 생각했을까?'를 묻는 과정이기도 합니다.

조선 후기 농민들은 참 힘들게 살았습니다. 농민들의 울분은 크고 작은 민란으로 나타났고, 1862년 임술민란으로 정점을 찍어요. 연구자들이 조선 후기를 '민란의 시대(영화 〈군도〉의 부제이기도 하죠)'라고 표현하는 것은 이 때문입니다.

동학은 1860년에 창시되었는데, 농민들에게 '사람이 곧 하늘'이라는 깨달음을 줬어요. 교세는 참 빨리 확장되었어요. 1864년에 조선 정부는 교주인 최제우를 사형했습니다. 그리고 약 30년이란 시간이 흐르고, 그사이 조선은 참 많은 변화를 경험하죠. 그런데 농민들의 삶은 별로 변하지 않았어요. 먹고살기 힘든 건 여전했고, 개항 이후에는 일본의 압력까지 더해졌습니다. 동학은 농민들의 울분을 하나로 모으는 데 중요한 역할을 합니다. 처음에 농민들의 요구는 '동학을 마음 놓고 믿게 해 달라'는 것이었어요. 1892~1893년에 걸쳐 삼례와 보은, 한양에서 세 차례 집회가 열렸는데, 이를 '교조 신원 운동'이라고 합니다. '억울하게 죽은 최제우(교조)와 교도들의 명예를 회복(신원)해 주세요!' 하고 왕을 향해 엎드려 호소한 것이죠.

"성장한 농민, 본격 정치를 하다"

집회는 성공하지 못했지만, 농민들이 동학 교도로 등장했다는 것은 무척 중요합니다. 1894년 1월, 전남 고부에서 민란이 일어나는데, 여기에 참여한 농민 대다수가 동학 교도였습니다. 전봉준을 비롯한 동학의 접주들은 이때부터 농민들을 이끌기 시작합니다. 운동은 3월부터 본격화되었고, 농민은 군대를 이루어 관군을 무찔렀어요. 기세는 어마어마했습니다. 여러 마을을 점령하고 5월에는 전주성을 함락하기에 이르니까요. 전라도 일대에 집강소를 설치하고 폐정 개혁안을 발표하는 등 농민들의 행위는 분명히 정치였습니다! 농민들이 정치를 하다니……. 조선의 그 누가 상상이나 했을까요?

농민들의 정치에는 '일군만민(一君萬民)'이라는 원칙이 있었습니다. 왕은 한 명이고, 그 아래는 모두 백성일 뿐이라는 거예요. 탐관오리를 응징하고, 신분제 폐지를 외치면서 농민들은 자신들이야말로 '진정한 왕의 백성'이라고 생각했어요. '왕에 충성해야 한다!' 이 말은 농민들의 정치적인 자각, 그 자체였던 것이죠. 이제 비숍 책에 나온 인용문이 조금은 이해가 되나요? 진정한 백성이 된다는 건 전혀 수동적인 의미가 아니었습니다.

왕은 응답하지 않았습니다. 오히려 농민군을 토벌하기 위해 갖은 애를 썼어요. 왕의 요청으로 청나라 군대가 조선에 들어오고 이를 빌미로 일본도 군대를 파견합니다. 결국 왕 때문에 청나라와 일본은 조선에서 전쟁을 치렀습니다(청일 전쟁).

농민군은 일본군과 열심히 싸우지만 11월의 우금치 전투가 마지막이었어요. 전봉준은 12월에 체포되어 사형을 당합니다. 그러고 보니 이 시기 농민들은 사방이 적이었네요. 왕과 양반, 일본은 농민들이 다시 말을 잘 듣게 되기만을 바랐어요. 하지만 그게 뭐, 가당키나 한 일인가요?

4

열강의
힘겨루기 중에
독립문을 세운
까닭은?

서울 지하철 3호선에는 독립문역이 있습니다. 역 밖으로 나가면 서대문 형무소 역사관이 가장 먼저 눈에 들어오고, 서대문 독립 공원이라는 이름의 넓은 공원도 있습니다. 공원을 거닐다 보면 프랑스 파리의 개선문처럼 생긴 문을 발견할 수가 있는데, 바로 독립문입니다. 도대체 무엇으로부터의 독립을 기념하려고 커다란 문을 만들었을까요?

 〈독립신문〉은 독립 협회가 1896년 4월 7일에 창간해서 1899년 12월 4일까지 간행한 신문입니다. 이 신문은 독립문에 관한 정보를 가장 많이 제공하고 있어요. 잠깐 1896년 6월 20일 자 논설을 살펴볼까요?

원래 연주문이 있던 자리에 새로 문을 세우되 그 문의 이름은 독립문이라 하고, 새로 문을 그 자리에 세우는 뜻은 세계 민국에 조선이 완전히 독립국이란 표를 보이자는 뜻이다.

독립문은 1897년 11월에 낙성되었습니다. 논설에 따르면 조선이 독립국이라는 걸 세계에 알리려고 원래 있던 '연주문'을 부수고 독립문을 세웠다는 거잖아요? 여기부터 이야기를 시작해 봅시다.

'연주문'은 무엇일까요? 이 문은 영은문(迎恩門)이라고도 하는데, '은혜(恩)를 맞이하는(迎) 문'이란 뜻입니다. 조선 시대에는 이 문에서 중국 사신을 맞이했어요. 중화 질서의 상징인 셈이죠.

중화 질서는 앞에서 한 번 말했었죠? 이는 조선이 중국의 식민지라는 뜻이 아닙니다. 전근대 동아시아 국가 사이의 관행이었다고 보는 것이 학자들의 공통된 의견이죠.

그런데 청나라가 이러한 관행에서 벗어나 조선을 '식민지'로 삼으려고 했어요. 이 상황을 일본이 두고 볼 리 없었습니다. 양국 사이의 긴장은 늘 숨이 막혔죠. 긴장은 언제나 조선을 사이에 둔 채 생겼어요. 임오군란, 갑신정변, 동학 농민 운동 같은 19세기 말의 굵직한 사건에 늘 청나라와 일본이 개입하고 경쟁했습니다.

독립문 건립까지의 상황을 조금 정리해 볼까요? 연구자들은 1894년 청일 전쟁을 조선 역사의 분기점으로 매우 중요하게 생각해요. 왜냐하면 청일 전쟁에서 승리한 일본이 동아시아의 패권을 쥐었기 때문입니다. 이후 조선에서 일본의 입김은 매우 거세졌고, 왕권은 약해졌어요. 조선의 왕실은 러시아를 끌어들여 일본을 견제하려고 했습니다. 일본은 이를 막으려고 1895년 8월에 궁궐 한복판에서 조선의 왕비를 살해(을미사변)하죠. 궁궐의 분위기는 정말 살벌했을 겁니다.

고종은 곰곰이 생각했어요. '일본에 대항하려면 러시아를 등에 업어야 하는 게 아닐까?' 고종은 1896년 2월에 궁을 몰래 빠져나와 러시아 공사관에 집무실을 차렸습니다(아관파천). 그리고 1897년 2월에 궁으로 돌아오죠. 1년 동안 일본의 입김이 없는 곳에 머물면서 정치적인 힘을 키운 것입니다. 고종은 그해 10월에 스스로 황제가 되고 국호를 대한 제국으로 바꿨습니다. 황제답게 광무라는 독자적인 연호도 사용해요. 조선이 '제국'을 표방한 순간이죠.

그런데 뭔가 상황이 좀 이상합니다. 막상 러시아는 대한 제국의 정치적 입지에 별 관심이 없었어요. 대한 제국의 '독립'을 지지하는 건 오로지 일본뿐이었어요! 조선과 청나라의 사대 관계는 거의 300년 동안 이어진 거라 관성이 무척 강했기 때문에 이 관계를 확실히 끊을 계기가 필요했습니다. 그러니 대한 제국의 성립만큼 강력한 계기는 없었을 테죠.

"독립문에는 독립의 다양한 의미가 담겨 있어"

독립문은 이런 시기에 건립되었습니다. 고종은 독립문을 좋아했어요. '청나라와의 사대는 완전히 극복했다', '우리도 제국이니 다른 나라들과 외교를 하겠다' 등 독립문을 통해 이런 의지를 알릴 수 있었을 테니까요.

그러나 대한 제국의 외교는 언제나 수세적이었습니다. 누구의 편에 서야 할지를 강요받는 것, 그 이상이 되지 못했죠. 어떤 연구자는 이때의 외교를 열강 사이의 '틈새'를 찾는 행위였다고 평가한 적이 있는데, 참 적확한 표현인 것 같아요. 대한 제국의 외교는 아슬아슬한 줄타기였습니다. 이제부터는 러시아와 일본 사이에 걸린 줄을 타야 했습니다. 일본은 일부러 줄을 막 흔들었고, 대한 제국은 결국 줄에서 떨어졌어요. 독립문의 '독립'은 식민지로 끝났습니다.

하지만 독립문의 '독립'이 언제나 고정적인 의미를 가졌던 건 아닙니다. 어떤 때는 이정표 정도로만 언급되어 공허한 느낌을 주었지만, 어떤 때는 바로 옆의 서대문 형무소와 대비되면서 식민지 현실을 각성하게 해 주었습니다. '독립'의 의미가 계속 변화했다는 사실은 우리에게 좋은 현상일지 몰라요. 지금 우리는 무엇으로부터 '독립'해야 하는 것일까요? 그리고 이 질문과 함께 우리를 옭아매고 있는 것이 무엇인지를 고민할 필요도 있겠죠.

5

손병희가
일진회를 탈퇴한
이유는?

일진회라는 이름을 들어 봤나요? '나라를 팔아먹은' 대표적인 단체로 알려져 있죠. 그런데 일진회는 처음 만들어질 때부터 '매국'을 표방했던 것은 아니었어요. 동학의 교주 손병희 같은 사람도 가입했었으니까요. 그런데 손병희는 왜 1906년 돌연 일진회를 탈퇴했을까요?

〈대한매일신보〉라는 신문의 1908년 10월 23일 자 기사를 보면, 일진회를 '사람들의 욕망이 모인 단체'로 묘사하고 있어요. 일진회는 당시 활동하던 단체 중에서 가장 많은 회원을 보유하고 있었어요. 일본 측의 조사로는 1910년 해체될 때까지 약 10만 명의 회원 수를 유지했다고 하는데, 좀 의외죠? 매국 단체에 회원이 가장 많다니……. 이 부분을 이해하는 것부터 시작해 봅시다. 일진회가 어떻게 창립되었는지부터 말이죠.

우선 언급할 것은 동학입니다. 조선 정부는 동학 농민 운동 이후에도 경계심을 전혀 풀지 않았습니다. 동학의 씨를 말리려고 했어요. 손병희는 동학의 3대 교주입니다. 그는 이 상황을 해결하기 위해 고심했던 것 같아요. 1901년 일본으로 망명한 손병희는 이제 문명을 배워야 한다고 말합니다. 그래야 동학이 인정받을 수 있다고 말이죠. 1904년에 러일 전쟁이 발발하자 손병희는 이를 '기회'로 활용했어요. '일본의 신뢰를 얻으면 동학을 안정적으로 포교할 수 있다.' 손병희는 일본 육군성에 1만 엔을 기증하고, 국내에 있던 동학교도들에게 '진보회'를 만들어 일본에 협력하라고 지시합니다. 철저하게 반일을 외쳤던 동학 농민 운동을 생각하면, 정말 상전벽해죠. 그간 받았던 탄압이 너무 괴로웠던 것일까요?

그리고 독립 협회도 언급해야 합니다. 만민 공동회도 열고 의회 설립도 추진했던 한말의 대표적인 계몽 단체죠. 독립문을 세우기도 했잖아요? 고종은 독립문을 좋아했지만, 독립 협회는 좋아하지 않았어요. 그래서 1898년 12월에 독립 협회를 해산시키고, 회원들의 정치 활동을 금지했죠. 회원들은 다시 정치를 할 계기가 필요했습니다. 이때 일본 군부와 친한 송병준이 등장해 흩어진 독립 협회의 회원들을 모아 일진회를 조직해요. 그리고 1904년 12월에 일진회와 진보회가 통합하고 이름을 일진회로 합의합니다. 우리가 아는 일진회는 통합된 이후를 가리키는 거예요. 진보회는 일본의 지원을 더 받을 수 있고, 일진회는 10만 명이 넘는 동학교도를 회원으로 삼을 수 있었으니 서로가 필요했던 거겠죠.

일진회는 분명 처음부터 '친일'을 표방했어요. 손병희와 송병준은 목적은 달랐지만, 수단은 같았던 셈입니다. 그리고 둘 다 '문명'이라는 가치가 무척 중요하다고 생각했어요. 10만 명이 넘는 회원들에게 뭔가를 보여 주려 했던 걸까요? 특히 송병준과 이용구는 '국가의 주권'보다 '잘살 권리'가 더 중요하다는 논리를 펼쳤습니다. 말 그대로 사람들의 욕망을 자극하려 했던 건데, 이게 '나라를 파는' 행위로까지 이어지는 거죠. 을사조약이 1905년 11월에 체결되지만, 일진회는 이미 그전부터 일본에 보호를 요청했습니다. 무능한 대한 제국 정부를 따르기보다 의협심이 강한 일본의 보호를 받는 게 훨씬 더 도움이 된다면서 말이죠.

"매국 단체 일진회를 떠난 것은 손병희의 탁월한 선택"

일진회의 계산과는 달리 여론은 점점 악화되었습니다. 손병희가 일진회와 손을 끊기로 마음먹은 것도 이즈음이었어요. 1905년 12월에 천도교가 창건되면서 동학을 인정받으려는 손병희의 목적은 일단 달성되었거든요. 그는 일진회 = 매국 단체라는 비판이 천도교에까지 미칠 것을 두려워했습니다. 1906년 9월, 손병희는 교인들에게 일진회를 떠나라고 지시합니다. 이 지시를 따른 이들도 있고 아닌 이들도 있지만, 하여튼 손병희는 이후 역사에서 '매국노'의 굴레를 완전히 벗어날 수 있었어요. 세상일이 어떻게 될지 누가 알았겠냐마는 탁월한 선택이었네요. 3·1 운동 때 민족 대표 33인에 속하기도 했으니까요.

일진회는 일본을 무조건 믿었습니다. 하지만 일본은 철저히 계산적이었어요. 을사조약 이후 통감부가 설치되고, 통감 이토 히로부미는 고종의 권한을 약화시키기 위해 일진회와 협력해요. 하지만 어느 정도 목적이 달성되자 성가셔하죠. 이후 일진회는 일본

군부에, 또 대륙 낭인(떠돌아다니며 정치 활동을 벌이던 일본인 무리)에 줄을 댑니다. 일진회가 이리 붙고 저리 붙는 모습은 조선인들의 의심을 사기에 충분했어요.

　이런 상황에서 일본의 지지는 일진회의 명운을 좌우했겠죠. 그래서 꾸준히 스스로를 일본에 증명하려 합니다. 일진회의 친일 은 일본이 부담스러워할 정도였어요. 1910년 9월, 조선이 식민지 가 되자마자 강제로 해산당한 데는 다 이유가 있었습니다. 세상은 그렇게 만만하지가 않은 거죠.

6

1910년
8월 29일은 왜
그렇게 조용했을까?

1910년 8월 29일은 '한일 병합 조약'이 발효되기 시작한 날입니다. 경술년에 일어난 국가적 치욕이라고 해서 '경술국치'라고 부르기도 하죠. 잠깐 당시의 분위기를 상상해 볼까요? 혹시 일제에 저항하는 민중들의 모습이 떠오르나요? 하지만 상상과는 다르게 많이 조용했습니다. 나라를 빼앗겨 식민지가 되었는데 이렇게 조용하다니 좀 의아하지 않나요?

 1910년 8월 22일, 제1대 조선 총독 데라우치 마사타케는 참 속이 시원했나 봅니다. 이날은 대한 제국과 일본이 병합 조약을 체결한 날이었어요. 데라우치의 '일기'를 잠깐 볼까요? '오후 4시 통감 관저에서 병합 조약을 조인했다. 참석자는 이완용, 조중응, 부통감, 그리고 나였다. 또 오는 29일에 이를 발표하기로 결정하고 대의를 통지해 두었다. 합병 문제는 이렇게 쉽게 조인을 마쳤다.' 그리고 '하하'라는 웃음소리를 적어 놓습니다. 식민지 조선은 저 웃음소리와 함께 시작되었어요.

조선은 망했습니다. 조선인들은 과연 이 상황을 어떻게 받아들였을까요? 이날까지 조선인들은 참으로 활기차게 외세에 저항했습니다. 앞서 설명한 동학 농민 운동도 그러했죠. 을미사변 때도 의병은 들불처럼 일어났습니다(을미 의병). 1905년 외교권을 빼앗긴 을사조약이 체결되었을 때는 어땠을까요? 이때는 의병이 더 활발하게 일어났어요(을사 의병). 특히 신돌석 같은 평민 의병장의 등장은 정말 주목할 만하죠. 통감부가 헤이그 밀사를 빌미로 고종을 퇴위시키고 군대를 해산한 1907년에도 의병은 또다시 일어났습니다(정미 의병). 특히 이때에는 해산된 군인이 가세하면서 의병의 전투력이 급격히 상승했다고 해요. 이들이 무엇을 '의롭다'고 생각했는지는 분명합니다.

우리가 '위인'이라고 부르는 이들도 이 시기에 많이 등장합니다. 민영환을 비롯한 많은 사람들이 을사조약 직후 '국치'와 '민욕'을 슬퍼하며 자결했습니다. 고종의 신임장을 들고 헤이그에서 열린 만국 평화 회의에 참석하려던 이준도 일본의 방해로 참석하지 못하자 격분을 이기지 못하고 사망합니다. 1908년에 장인환과 전명운은 통감부 촉탁으로 일본의 이익을 대변하던 미국인 스티븐스를 암살하죠. 1909년 10월 26일의 중국 하얼빈역에서는 안중근이 '동양 평화를 해치는' 이토 히로부미를 저격했습니다. 15년 남짓 동안 조선인들은 고되지만 끊임없이 제국주의에 저항하는 경험을 축적했어요. 이런 경험들만 생각한다면 1910년 망국의 순간, 분노에 찬 사람들이 전국 곳곳에서 일어났을 법합니다.

"그날은 조용했지만 저항은 계속되었어"

그런데 그렇지 않았어요. 일본 경찰은 조선인들의 태도가 마치 '강 건너 불구경'하는 것 같다고 관찰하기도 했습니다. 스무 살되던 해에 망국을 겪은 안재홍은 그때의 분위기를 '사람들은 풀이 죽고 우울하고 말조차 없었다'고 표현했습니다. 안재홍은 시위가 일어나기는커녕 '너무도 침체된 분위기'에 실망했다고 해요. 어떤 이는 담벼락에 망국을 알리는 벽보가 붙은 걸 보고 '덧없이 울기만 했다'고 합니다. 대합실 벽에 붙은 '합병 조서'를 보고 '어안이 벙벙했다'고 회상한 사람도 있어요. 최근의 한 연구자는 1910년대의 조선인들이 분노보다는 슬픔에 싸여 있었다고 분석하기도 하는데, 데라우치의 웃음과는 정말 대비되는 장면들이죠.

8월 29일은 참 조용하게 지나갔습니다. 조선인들은 마치 저항한 적이 없는 것처럼 굴었어요. 하지만 1909년의 '남한 대토벌 작전(일제가 국내의 의병 세력을 완전히 진압하기 위해 펼친 군사 작전)', 1911년의 '105인 사건(조선 총독을 암살하려 했다는 혐의를 씌워 신민회 회원을 체포한 사건)'이 보여 주는 것처럼 저항의 실체는 선명했어요.

일본이 조선을 식민지로 삼기 위한 작업은 이런 분위기를 잠재우는 일이어야 했습니다. 어느덧 국내는 거의 평정되었습니다. 이제 이들에게 남은 과제는 조선인들의 슬픔을 방해하지 않는 것이었죠. '가만히 있어라!' 1910년대의 통치는 이 침울한 분위기를 유지하는 데 성공하는 것처럼 보입니다. 하지만 그렇지 않았다는 걸 우리는 너무나 잘 알고 있잖아요?

2장

무단 통치와 저항

7

선생님이
칼을 차고
있었다고?

여러분이 생각하는 선생님은 어떤 모습인가요? 자상할 수도 있고 무서울 수도 있지만, 최소한 칼을 찬 모습을 상상하기는 어려울 거예요. 그런데 식민지 조선에서는 선생님이 칼을 차고 학생들을 대하던 때가 있었어요. 바로 1910년대로, 이때를 무단 통치 시기라고 부릅니다. 무력을 써서 강제로 다스렸다는 의미인데, 이 시기의 특징은 무엇일까요?

 여러분도 염상섭이란 이름을 들어 본 적 있을 거예요. 한국 문학사에서 한 자리를 차지하는 유명한 소설가입니다. 염상섭은 1922년부터 잡지에 「묘지」라는 소설을 연재한 적이 있었어요. 검열로 잡지가 폐간되는 바람에 완성하지 못했다가 1924년에 제목을 「만세전(萬歲前)」으로 바꾸고 신문에 다시 연재합니다. 「만세전」은 제목 그대로 '만세 이전', 즉 '3·1 운동 이전의 조선'을 다루고 있어요. 그러니까 원래 '3·1 운동 이전의 조선'을 '묘지'라고 묘사하고 싶었던 것이죠.

소학교 선생님이 사벨(허리에 차는 군용 칼)을 차고 교단에 오르는 나라가 있는 것을 보셨습니까? 나는 그런 나라의 백성이외다.

주인공이 1910년대의 조선과 자기 자신을 묘사하는 이 구절을 보면 여러분은 어떤 생각이 드나요?

무단 통치는 1910년대 일제의 조선 통치 방식을 일컫는 표현입니다. 그런데 가끔씩 '뭐 하러 이렇게까지 했을까?' 하는 의문이 들 때가 있어요. 앞서 이야기한 것처럼 조선과 일본은 형식상 '조약'의 형태로 나라를 합쳤기 때문입니다. 조약이란 '동등한' 국가 사이에 맺어진 합의입니다. 그 자체로 국제적 합의이기도 하죠. 세계를 향해 '조선과 일본은 하나의 나라가 되었다'고 알린다는 거예요. 바로 이런 점 때문에 일제는 조약을 매우 중요하게 생각했습니다. 지금도 그렇지만 이때도 다른 나라의 인정을 받는 게 필수였거든요. '나도 식민지를 가진 제국이야! 사이좋게 지내자.' 일제한테 이것만큼 중요한 건 별로 없었습니다.

그 때문에 일본은 '문명국가답게' 조선을 통치해야 했습니다. 하지만 그렇게 하지 않았죠. 조약이라는 형식은 명분일 뿐이었어요. 조약을 맺기까지 무력이 사용되었다는 게 훨씬 중요합니다. 무력은 군대의 점령지에서나 쓰이잖아요? 일제가 조선을 점령했다고 받아들이면 1910년대의 상황을 보다 선명하게 이해할 수 있을 것 같아요. 조선은 식민지였습니다. 그리고 식민지는 본질적으로 점령지였던 것입니다.

"힘으로 누른다고 가만히 있지 않았어"

무단 통치는 이런 사정을 잘 반영합니다. 무엇보다 조선 총독이 군인이었으니까요. '육군이나 해군 대장'만 조선 총독이 될 수 있었습니다. 그러다 보니 통치를 위한 법령들도 군사적이었어요. 헌병 경찰은 놀랍게도 즉결 처분권을 가졌습니다! 조선인들은 사안에 따라 재판도 못 받고 벌을 받아야 했던 것이죠. 1910년 12월에 공포된 '범죄 즉결례'나 1912년의 '경찰범 처벌 규칙'은 이런 권한을 뒷받침했습니다. 조선인들은 다수가 모여 관공서에 청원하거나 진정할 수 없었어요. 문서를 뿌리거나 연설을 해서도 안 되었습니다. 전선 근처에서 연도 못 날렸고, 집이나 직장이 없어서 이리저리 떠돌아다녀도 안 되었어요. 또 민간인으로 위장한 조선인 헌병 보조원이나 순사보에게 감시당하기도 했습니다. 마치 식민지 조선 전체가 군대가 주둔하는 커다란 병영인 것처럼 눈칫밥 먹는 하루하루가 이어진 것입니다.

이러니 염상섭이 「만세전」에서 1910년대의 조선을 '묘지'로 비유한 것일 테죠. 무덤은 죽음을 뜻하잖아요? 살아도 사는 게 아닌 곳. 어느덧 자신의 고향이 이런 곳임을 알게 되었을 때의 당혹감! 중요한 것은 이러한 당혹감을 유발한 통치가 '조선의 시세와 민도'라는 말로 정당화되었다는 점입니다. 시세는 형편이란 뜻이고, 민도는 민의 수준이란 뜻이에요. 그러니까 조선의 형편과 수준에 맞게 다스린다는 거죠.

조선인은 때려야 말을 듣는다며 '조선 태형령'이 적용되었습니다. 또 수준에 맞는 교육을 시켜야 한다며 '조선 교육령'도 나왔습니다. 하지만 조선은 눈칫밥을 먹으면서도 살아야 하는 곳이었어요. 일제가 '이 정도 했으면 조선인들도 눈칫밥에 적응했겠지' 착각했을 때, 바로 3·1 운동이 쾅 터진 거죠. 3·1 운동이 중요한 건 바로 이 때문입니다.

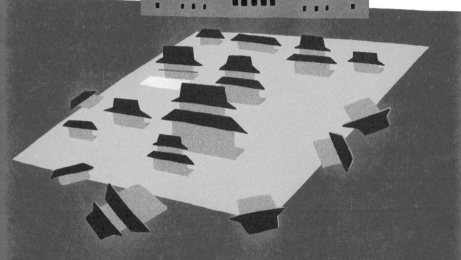

8

조선 총독부는 왜 경복궁 안에 있었을까?

시간을 거슬러 1926년, 광화문 앞에 서 있다고 상상을 해 볼까요? 당시 이곳은 지금과 참 많이 달랐습니다. 광화문이 있어야 할 자리에 새로 지은 조선 총독부 건물이 웅장하게 서 있고, 그 앞에 넓게 트인 도로가 일직선으로 놓여 있습니다. 경복궁은 총독부 건물에 완전히 가려져 있습니다. 여기에는 어떤 의미가 있는 걸까요?

 1911년 5월 17일 자 『순종실록 부록』 2권에는 '경복궁 전체 면적 19만 8천 624평 5합 6작을 총독부에 인도했다'는 짤막한 기사가 하나 나옵니다. 이로써 경복궁은 완전히 조선 총독부의 소유가 되었어요. 이후 조선 총독부는 1915년 9월 11일부터 10월 31일까지 경복궁 안에서 '조선 물산 공진회'를 개최합니다. 공진회는 일종의 박람회인데, 이에 관해서는 이 책 뒷부분에서 좀 더 설명해 놓았어요. 조선 총독 데라우치는 경복궁의 정전인 근정전에서 왕이 앉던 용상에 앉아 공진회 개회를 선포했어요. 조선에 '새로운 왕'이 나타났음을 알리는 일종의 이벤트였습니다.

　조선 총독부 건물이 근정전 앞에 세워진 것은 그로부터 약 10년이 지나서였습니다. 당초 총독부는 남산의 왜성대에 있었어요. 을사조약 이후 지은 통감부(을사조약 이후 일제가 대한 제국을 침략하려고 설치한 기관) 건물을 그대로 사용했습니다. 2층짜리 벽돌집이었는데, 막상 식민지를 통치하기 시작하니 규모가 너무 작았어요. 총독과 정무총감을 비롯한 수많은 관료들의 집무실이 있어야 했

고, 무엇보다 제국의 힘을 상징해야 했거든요. 조선 물산 공진회
는 경복궁 내부 건물을 정리하면서 총독부 건물 공사비를 충당하
려는 목적으로 열었다고 해요. 총독부 공사는 1916년에 시작되어
1926년 10월 1일에 끝납니다. 식민지 최고 관청이 왕궁의 입구를
딱 막은 꼴이 되었는데, 그 앞을 지나가던 조선인들은 왕궁의 정
전을 완전히 가린 위풍당당한 건물을 보고 새삼 느꼈을지도 모릅
니다. '나라가 망했다'는 것을요.

"군인 출신 조선 총독은 막강한 권한을 휘둘러"

새 총독부는 철근 콘크리트 구조에 첨탑까지 높이가 50미터
가 넘는 4층짜리 초대형 건물이었습니다. '동양 제일의 백악관'이
라는 명성도 있었죠. 총독은 이 건물에서 제일 높은 사람이었습니
다. 그의 권한은 매우 컸어요. 사실 권한의 크기에 건물의 규모가
따라와야 했을 거예요. 그래서 새로 지었을지도 모릅니다. 따지고
보면 총독은 행정 기관장에 불과하니 통치의 전권을 가진다는 게
좀 상식적이지는 않죠. 일본 땅이 된 조선은 일본 정부가 다스리
면 그만입니다. 하지만 총독의 힘은 일본 정부와 정치적으로 대결
할 수 있을 정도로 컸어요. '천황'의 '직속 부하'로서 조선을 통치
하는 거의 모든 권한을 가졌기 때문입니다. 그래서 일본인들 사이

에서도 총독을 비판하는 목소리가 있었어요. '자기가 진짜 조선의 왕인 줄 안다'면서요.

식민지 조선에는 모두 여덟 명의 총독이 부임했습니다. 앞에서도 말했지만, 모두 군인이었습니다. 차례대로 이름을 말해 볼까요? 데라우치 마사타케, 하세가와 요시미치, 사이토 마코토, 야마나시 한조, 우가키 가즈시게, 미나미 지로, 고이소 구니아키, 아베 노부유키. 총독의 권한이 워낙 강하다 보니 조선은 총독에 따라 조금씩 다르게 통치되었고, 그때마다 중요시되는 분야도 달랐어요. 농업, 공업, 위생, 경찰, 사법, 지방 행정 등등. 이를 담당하는 조직은 아주 체계적이었습니다. 총독은 자신의 방식으로 조선을 일본에 동화시킨다는 원칙을 충실히 지켰습니다. 1910년대의 통치 수단이 '칼'이었던 것처럼 시기마다 수단이 달랐을 뿐이죠.

해방 이후 총독부 건물은 미군정청과 한국 정부의 중앙청으로 재활용되었습니다. 1986년부터는 국립 중앙 박물관으로 쓰이기도 하죠. 1997년에 완전히 철거되는데, 뒤에 나오는 '쇠말뚝' 부분에 설명해 놓았습니다. 남산 왜성대에 남아 있던 건물은 한국 전쟁 때 불에 타 사라졌어요. 사실 식민지라는 과거를 '지우기' 위해 건물들을 없애는 건 별로 소용이 없어요. 지우고 싶다고 해서 지울 수 있는 것도 아니니까요.

9

조선인과 명태는
때려야
제맛이라고?

드라마나 영화를 보면 죄인들이 틀에 묶인 채 곤장을 맞는 장면을 볼 수 있죠? 이것을 태 또는 장이라고 하는데, 근대 이전에 행해지던 대표적인 형벌이에요. 근대에는 범죄자들을 때리지 않고 가두었어요. 그런데 일제는 무단 통치를 하면서 때리는 형벌을 취하기도 했습니다. 이 형벌은 조선인에게만 적용되었어요.

 소설가 김동인은 「태형」이란 단편 소설을 썼습니다. 이 소설에는 이런 구절이 등장합니다.

우리는 무서운 소리에 화닥닥 놀랐다. … "히도쓰(하나), 후다쓰(둘)" 간수의 세는 소리와 함께 "아이고 죽겠다, 아이고, 아이고!" 부르짖는 소리가 우리의 더위에 마비된 귀를 찔렀다. … 그것은 태 맞는 사람의 부르짖음이었다.

그냥 읽기만 했는데도 뭔가 아픈 것 같지 않나요? 참고로 소설에는 일흔 살이 넘은 할아버지도 나오는데, 태를 맞으러 가기 전에 이런 말을 합니다. "칠십 줄에 든 늙은이가 태 맞고 살길 바라겠소?" 아마 할아버지는 자신이 죽을 거라 예감했나 봐요.

태형은 식민지 조선에서 행해진 대표적인 신체형이었어요. 신체형에 대해서는 뒤에 나오는 형무소 부분과 같이 보면 좋을 것 같아요. 일제가 새롭게 만든 형벌은 아니고, 동아시아에서 가장 널리 활용된 태장형을 답습한 것입니다. 동아시아 국가들은 공통적으로 태장형을 폐지하는 것을 어려워했어요. 하지만 문명국가에 어울리지 않는다는 인식이 널리 퍼졌기 때문에 서서히 바뀌었습니다. 1905년 이후 대한 제국의 지식인들도 태장형의 폐지를 당연하게 생각했어요. 그런데 일제는 마냥 그렇게 생각하지 않았습니다. 문명이라는 외투에 그토록 민감했던 일제는 왜 이렇게 망설였을까요?

"일제는 식민지에서만 태장형을 유지했어"

일제는 조선보다 먼저 식민지로 삼았던 대만에도 태형을 유지했습니다. 러일 전쟁 이후 조차지(한 나라가 다른 나라로부터 빌려 다스리는 땅)로 얻은 뤼순 일대의 관동주에서도 태형을 실시했고요. 대만에 태형을 실시할 때 논란이 매우 심했던 것과 달리 조선에서는 일사천리로 진행되었습니다. '조선 태형령'은 법을 만들어서 알리기까지 두 달밖에 안 걸렸으니까요. 이것은 식민지 통치 방식이 어느 정도 정리되었다는 의미이기도 해요. 한마디로 '일본과는 다르게 통치해야 한다'는 것이었습니다. 그리고 이 '다름'의 배경이 조선의 시세와 민도였다는 점은 앞에서도 이야기한 바 있습니다.

'조선 태형령'은 1912년 3월에 공포됩니다. 제13조에 '조선인에 한하여 적용할 것'이라는 규정이 있습니다. 그렇다고 조선인이 '범죄'를 저지르면 '무조건' 때리는 건 아니었어요. 16~60세의 남자 중에 3개월 이하의 징역에 처해야 하거나 100원 이하의 벌금이 부과되었으나 지불하지 못하는 자가 대상이었습니다.

집행 방식도 '무조건'이 아니라는 게 강조되었어요. 맞는 모습을 다른 사람들이 보지 못하게 한다거나 하루에 1회, 1회에 30대까지만 집행하도록 했죠. 또 중간에 반드시 물을 마시도록 했어요. 일제는 태형이 '문명국가'에 어울리지 않는 형벌임을 알고 있었고, 이를 이런 식으로 보완하고자 했던 것입니다. 그런데 이 방침조차 얼마나 잘 지켜졌는지는 모르겠습니다. 이런 건 정말 기록에 남지 않는 부분이니까요. 참고로 앞에 나온 소설에서는 일흔 살 넘은 할아버지가 태를 맞으러 가는군요.

태형은 '경범죄'에 적용되었습니다. 그러니까 일상에서 저지르는 '범죄'를 때려서 다스리는 거죠. 헌병 경찰은 '솔잎 한 움큼을 산에서 긁어서', '다 익지 않은 떫은 감을 팔아서', '근처가 청결치 못해서' 등등의 이유로 태를 쳤습니다. 일본이 정한 규율대로 살지 않으면 태를 맞는 것입니다. 실제로 징역이나 벌금보다 더 많이 적용되었어요. 1910년대 통계를 보면, 태형은 전체 형벌에서 약 45퍼센트를 유지했습니다. 그래서인지 조선인이 일상 속에서 무단 통치를 느낄 때는 언제나 헌병 경찰과 태형이 등장합니다.

태형은 3·1 운동이 끝나자마자 폐지됩니다. 일제도 태형이 조선인을 매우 괴롭게 했다는 걸 알고 있었던 거죠. 하지만 이후에도 '조선인과 명태' 운운하는 말과 생각은 완전히 사라지지 않았습니다. 지금도 심심치 않게 '맞아야 정신차리지?' 이런 말들이 들리니까요.

10

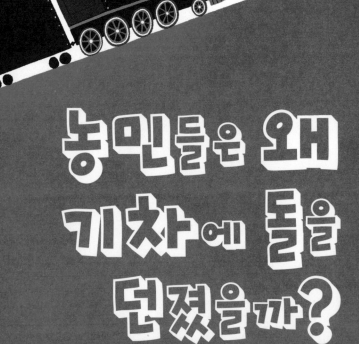

농민들은 왜
기차에 돌을
던졌을까?

철도는 어떤 교통수단보다 빠르고 강력했습니다. 굉음을 내며 순식간에 뻗어 가는 기차는 너무나 인상적이었죠. 사람들은 철도를 통해 다른 경험을 할 수 있었어요. 상인들은 멀리 가서 장사를 할 수 있었고, 학생들은 수학여행을 갈 수 있었습니다. 그러나 처음에 철도는 원망의 대상이었어요. 왜 그랬을까요?

 영화 〈밀정〉은 의열단과 황옥이란 인물을 소재로 하고 있습니다. 황옥은 직급이 높은 경찰이었어요. 하지만 의열단원이라는 이야기도 있습니다. 이런 불분명한 정체성은 흥미로운 영화 소재였을 겁니다. 그런데 영화의 주된 무대가 기차와 역이었다는 점에 주목해도 좋을 것 같아요. 의열단원은 폭탄을 경성으로 운반해야 했어요. 독립운동 단체가 국외에 자리 잡고 있는 상황에서 철도는 독립운동에 반드시 필요한 교통수단이었죠. 바로 일제가 대륙을 침략하기 위해 만든 그 철도가 말입니다.

영국에서 증기 기관이 발명된 이래 기관차는 급속하게 발달했습니다. 1800년대에 철도는 이미 세계의 최첨단 교통수단이었어요. 조선도 철도의 위력을 실감합니다. 강화도 조약 직후 외교 사절단으로 일본에 도착한 김기수의 일화는 재미있죠. 역에서 차가 기다린다기에 긴 복도를 지나갔는데, 어디에도 차가 없었다는 겁니다. 그래서 "기차가 어디 있느냐?"고 물었더니, "이것이 바로 차!"라고 대답했다고 해요. 복도가 기차 칸이었던 거죠.

1900년 11월 12일에 최초로 경인선 개통식이 열렸습니다. 서울과 인천을 이었어요. 대한 제국이 부설한 것이 아니라 일본에게 권리가 있었죠. 이전부터 일본은 여러 방법으로 한반도에 철도를 놓을 권리를 가지려 했습니다. 만주와 중국에까지 영향력을 확대하려면 한반도를 관통하는 철도가 꼭 필요했거든요.

일본은 한반도의 철도 부설권을 거의 독점합니다. 서울과 부산을 잇는 경부선이 1901년에 착공되어 1905년 1월 1일부터 영업을 시작했어요. 서울과 의주를 잇는 경의선은 1906년에 모든 구간이 개통되었는데, 주로 일본 군대가 부설한 것이었습니다. 5년이라는 짧은 기간 동안 부산-서울-의주로 이어지는 긴 노선이 놓인 건데, 정말 많은 노동력이 필요했겠죠. 이를 위해 일본은 꽤 폭력적으로 토지를 취하고, 조선 농민들을 공사에 동원합니다.

"제시간에 출발하는 기차는 일상을 변화시켰어"

이러니 기차가 원망의 대상이었을 수밖에 없었습니다. 조선인들은 기차에 돌을 던지거나 철로 위에 돌을 쌓아 운행을 방해했어요. 어쩔 때는 철도 회사를 습격하기도 했죠. 일본은 이런 조선인들을 절대 봐주지 않았습니다. 참고로 1904년 7월부터 1906년 10월 사이에 35명의 조선인이 사형을 당했어요.

철도는 계속 놓입니다. 1914년에는 서울과 원산을 잇는 경원선과 대전과 목포를 잇는 호남선이 개통됩니다. 경부선, 경의선, 경원선, 호남선. 학자들은 이 4개 노선의 모양을 'X 자'로 비유해요. 그리고 이를 식민지 간선 철도의 골격으로 평가합니다. 여기에서부터 많은 철도가 가지를 뻗어 나갑니다. 일제 강점기에 함경선, 전라선, 대구선, 충북선, 장항선 등의 수많은 노선들이 만들어져요.

철도가 늘어나면서 사람들의 감각도 이전과 달라집니다. 철도는 원망의 대상이나 새로운 경험이 아니라 그냥 일상 자체가 되어 가요. 특히 사람들은 '시간'을 이전과는 완전히 다르게 받아들이게 됩니다. 이건 정말 중요하죠. 역마다 출발 시간과 도착 시간이 '분' 단위로 정확히 예고되니까 제아무리 잘난 사람도 기차를 타려면 '몇 시 몇 분' 개념으로 생활해야 했습니다. 기차를 이용하는 모든 게 근대적인 시간 개념으로 움직였어요. 등교도, 출근도, 여행도, 일자리를 찾아 고향을 떠나는 사람도, 심지어 독립운동도, 침략 전쟁도, 그리고 100년도 더 지난 지금의 우리도 말입니다.

11 윤동주가 태어난 북간도는 어디일까?

윤동주만큼 한국인의 심금을 울리는 시인은 또 없을 겁니다. 여러분에게도 익숙한 이름 이죠? 〈동주〉라는 영화가 있었고, MBC 프로그램 〈무한도전〉에서 그의 시 '별 헤는 밤' 을 노래로 만든 적도 있었으니까요. 이 시에는 이런 구절이 있습니다. "어머님, 그리고 당신은 멀리 북간도에 계십니다." 그런데 북간도는 어디일까요?

 압록강과 두만강 위쪽의 광활한 지 역을 '만주'라고 합니다. 만주는 지역명이 지만, 만주족의 줄임말이기도 해요. 만주족은 청나라를 세웠습니 다. 청나라는 만주가 '시조의 땅'이라며 매우 신성하게 여겼고, 신 성한 곳이므로 다른 종족이 거주하거나 이주해서는 안 되었습니 다. 이를 '봉금'이라고 해요. 강 너머에 넓고 비옥한 땅이 있었지 만, 조선인은 가면 안 되었던 것이죠. 그런데 이 규칙은 잘 지켜지 지 않았습니다. 사실 '국경선'이라는 개념이 지금 같지 않았거든 요. 조선인은 청나라 관리의 눈을 피해 이곳에 농지를 만들기 시 작했고, 아예 눌러 살기도 했습니다. 먹고살려고 또는 더 잘살려 고 강을 건넜어요. '아침에 갈고 저녁에 돌아간다.' '봄에 갈고 가 을에 수확한다.' 조선인들은 당시 청나라 관리와의 숨바꼭질을 이 렇게 표현했대요.

한반도와 경계를 마주한 만주의 남쪽 지역을 '간도'라고 해 요. 조선인은 이곳에 집중적으로 정착하기 시작했어요. 개인이나 가족이 이주하기도 했지만, 마을 단위로 이주하는 경우도 있었습니다. 윤동주 집안은 그의 증조할아버지가 가족을 이끌고 정착한 사례입니다. 윤동주가 태어난 북간도 룽징의 명동촌은 140명이 넘는 조선인이 한꺼번에 이주하여 만든 마을이었습니다. 윤동주는 1917년에 태어났는데, 그때 이미 명동촌은 학교도 있고 교회도 있는, 명실상부한 조선인 마을이었어요. 이 마을을 만들 때 사람들은 '기름진 땅에서 좀 잘살아 보자'며 소박하게 다짐했다던데, 이렇게 열매를 맺은 거죠.

간도에는 명동촌 말고도 많은 마을이 생겼습니다. 우여곡절이 참 많았죠. 만주는 제국을 꿈꾸는 나라들이 정말 중요하게 여기는 땅이었거든요. 간도의 조선인들은 이런 나라들에 이용을 당했습니다. 특히 러일 전쟁 이후 일본이 만주에까지 힘을 미치려 했는데, 간도에 조선인이 꽤 살고 있다는 건 참 좋은 명분이 되었어요. 일본은 1907년에 룽징에 '간도 파출소'를 설치합니다. '대한 제국은 을사조약으로 일본의 보호국이 되었으니 간도의 조선인도 일본이 보호하겠다'나요? 일본은 만주에 조선인이 많이 살기를 은근히 바랐던 것 같아요. '자국민'을 보호한다는 명분이라면 '정당하게' 손을 뻗을 수 있었기 때문입니다.

청나라가 가만히 있을 리 없죠. 두 나라는 이 문제를 해결하려고 1909년에 간도 협약을 체결합니다. 간도 협약은 이곳 조선인의 삶에 많은 영향을 끼쳐요. 우선 간도는 명확하게 중국 땅이 되었습니다. 그 대신 일본은 조선인을 재판할 권리를 가졌어요.

이곳의 항일 투쟁을 막기 위해 조선인을 직접 단속해야 했기 때문이죠. 중국은 조선인의 거주를 인정하면서도 귀화를 종용했습니다. 조선인은 '일본의 앞잡이'로 오해를 받기도 합니다. 국적을 바꾸지 않으면 토지나 재산을 소유할 수 없다고도 했어요. 일본과 중국의 틈바구니에서 산다는 건 정말 고생스러운 일이었을 겁니다.

그런데도 조선인은 꾸준히 늘어났습니다. 어떤 통계에 따르면 1913년에는 25만 명을 돌파했고, 1920년에는 45만 명이나 되었다고 합니다. 1935년에 77만 명, 1938년에 마침내 100만 명을 넘었죠. 여기에는 이유가 있을 겁니다. 일단 먹고살아야 했을 테죠. 게다가 일본과 중국이 아무리 괴롭힌다고 해도 자신들의 마을을 쉽게 버릴 수 없었을 겁니다. 무엇보다 조선이 식민지가 된 이후에는 '조선보다 자유로운 땅'이라는 생각도 있었습니다. 이 때문에 항일 투쟁의 근거지가 될 수 있었고, 이를 응원하는 중국인들도 많아졌죠.

"봉금의 땅에서
조선족의 땅으로"

뭔가 엄청 복잡하지 않나요? 그러니까 만주의 조선인은 이미 정착해 있다가 나라를 잃었고, 일본의 보호를 받으면서도 만주 침략에 이용되었습니다. 한편으로는 중국으로의 귀화를 종용당하면서 '앞잡이' 취급을 받았고요. 항일 투쟁을 할 때는 '중국의 친구'로 대접받기도 했습니다. 그들은 스스로를 어떻게 생각해야 했을까요?

이곳에 살던 조선인들은 지금 '조선족'이라는, 중국의 소수 민족으로 생활하고 있습니다. 당연히 국적은 중국이고요. 우리가 우리의 삶과 역사를 존중받고 싶어 하는 것처럼 그들도 마찬가지일 것입니다. 다시 '대한민국의 대표 시인'이라 여겨지는 윤동주를 생각해 봅시다. 그는 북간도에서 태어나 평양과 서울, 일본에서 공부를 했고, 일제에 저항하다가 해방이 되기 전에 죽었습니다. 윤동주가 죽지 않고 해방을 맞이했다면 한국 사람, 조선족, 북한 사람 중에 누가 되었을까요?

12

3·1 운동은 어떤 미래를 꿈꿨을까?

2016년의 가장 큰 사건인 촛불 시위를 기억하나요? 사람들이 전국에서 들불처럼 일어났습니다. '대통령의 퇴진'이라는 커다란 구호 속에는 다양하고 세밀한 주장들이 담겨 있었죠. 1919년의 시위도 마찬가지였습니다. "대한 독립 만세!"는 참으로 다양한 가치들의 모자이크 같은 것이었어요. 이 운동을 어떻게 기억하면 좋을까요?

 1919년 2월 28일, 손병희의 집에 '민족 대표'들이 모였습니다. 돌아보면 참 많은 일들이 있었습니다. '독립을 위해 뭔가를 하자!' 이들은 1918년 11월부터 이런 생각을 했던 것 같아요. 숨 가쁜 날들이 지나갔습니다. '독립 선언서'를 쓰고, 지방에 연락하고, 해외에 알리는 일을 계속했어요. 이제 거사가 하루 앞으로 다가왔습니다. 당초 계획은 3월 1일 오후 2시 탑골 공원에서 '독립 선언서'를 읽고 경찰에 연행되는 것이었죠.

하지만 이들은 학생들이 탑골 공원에 모이기로 했다는 소식을 듣고 태화관이라는 식당으로 장소를 바꿨습니다. 손병희 등은 사람들이 격앙되는 것을 원치 않았어요. 이미 일본과 미국, 그리고 파리 평화 회의에 '독립이 당연하다'는 의견을 내기로 했었습니다. 이 마당에 행여나 악영향을 주지 않을까 우려했죠. 국제 사회가 독립을 인정하고, 스스로 이를 선언하는 것이 가장 좋은 방법이라 보았던 겁니다. 시위는 '평화적'이어야 함을 강조했고요. 그러니까 민족 대표들은 시위처럼 예측이 어려운 방법보다는 선언을 중시했던 것 같아요. 톱니바퀴가 잘 맞으리라 기대했습니다.

독립 선언은 잘되었습니다. 대표들이 태화관에 모이고, '독립 선언문'을 읽고, 만세를 외치고, 경찰에 연행되어 형무소에 갇힙니다. 다른 톱니바퀴는 어땠을까요? 파리 평화 회의는 제1차 세계 대전에서 이긴 나라들의 모임이라 조선 편이 되어 주지 않았습니다. 일본도 승전국이었으니까요. 이렇게만 끝났으면 좀 허무했을 테죠. 하지만 민족 대표가 전국에 배포한 '독립 선언서'는 새로운 톱니바퀴를 만들어 냅니다. 선언서를 읽은 조선인들이 너도나도 만세를 외치기 시작해요. 3·1 운동은 이렇게 퍼졌습니다.

3·1 운동은 여러 사람들이 여러 곳에서 동시다발적으로 계획했고, 5월까지 계속되었습니다. 제1차 세계 대전이 막바지에 다다르자 전 세계에 '민족 자결'이라는 말이 넘실거렸어요. 지식인들은 이 분위기가 독립으로 이어지도록 고민하기 시작합니다. 중국 상하이에서는 여운형을 중심으로 신한청년당이 활동했습니다. 만주에서도 독립 선언이 이루어집니다. 일본에서는 유학생들이 앞장섰어요. 1919년 2월 8일에 일본의 수도에서 당당하게 '독립 선언서'를 발표했습니다(2·8 독립 선언). 조선에서도 고무되었어요. 천도교, 기독교, 불교계의 대표 33명이 민족 대표로 나서죠. 유림은 독자적으로 활동했어요. 학생들도 시위를 계획합니다. 흔히 3·1 운동을 거국적 또는 거족적이라고 표현하는데 정말 그랬습니다. 나라 전체가 들끓었으니까요.

"3·1 운동에 참여한 사람들이
생각한 미래는 다양했어"

그런데 이 표현을 좀 더 넓고 깊게 이해했으면 좋겠어요. 질문을 더 해야 합니다. 누가 무엇을 주장하며 참여했을까요? '당연히 독립을 주장했겠지!' 이렇게 생각하기 쉽지만, 좀 더 다채롭게 해석할 수 있습니다. 대부분의 시위가 독립을 선언한 다음에 벌어졌다는 게 무척 중요해요. 그러니까 독립은 이미 된 것이고, 시위는 독립 이후를 요구한 것이기도 하다는 뜻입니다. 생각해 보니 그렇지 않나요? "대한 독립 만세!", 그러니까 대한이 독립했으니 만세를 부르는 거죠. '나는 독립한 조선에서 무엇을 할까?' '독립한 조선은 어떤 나라여야 할까?' 사람들은 독립 이후를 다양하게 상상했습니다. 모두가 "만세! 만세!" 했지만 그 내용은 하나가 아니었어요. 내용이 다양한 만큼 표현 방식도 여러 가지였죠.

어떤 사람은 각종 세금이나 부역이 사라지는 것은 물론이고 땅도 똑같이 나누어 갖는 나라가 올 것이라 믿었어요. 누구는 만세를 불렀으니 독립된 나라에서는 존경받으며 살 거라 기대하기도 했습니다. 자신의 종교가 국교가 될 것이라며 만세를 외친 사람도 있었습니다. 1917년의 러시아 혁명을 모델로 조선의 혁명을 꿈꾼 이들도 있었고요. 어떤 이는 태극기가 아니라 계급 투쟁을 상징하는 적기(赤旗)를 휘둘렀어요. 아낙, 기생, 부인, 여학생, 여급

등으로만 불리던 여성들도 거리에 섞였습니다. 면사무소와 주재소, 일본인 집에 돌을 던지고 불을 지르는 경우도 적지 않았고, 주먹다짐이 난무하기도 했죠. 막노동꾼, 학생, 상인, 거지, 농민 등등도 참여했습니다. 평소에 하는 일도 다르고 처지도 제각각인데, 다 같이 만세를 부른다고 해서 생각이 같아졌을까요? 그렇지는 않겠죠.

3·1 운동이 끝나자 조선의 앞날은 어떻게 상상되었을까요? 사람들은 민족주의, 사회주의, 아나키즘, 공산주의 등등의 정치 단체를 만듭니다. 대한민국 임시 정부는 이 가운데 하나였지, 조선인들이 유일하게 상상한 미래는 아니었습니다. 오히려 저마다 그려 낸 다양한 미래가 가능하다고 생각했어요. 저는 이런 게 역사를 배우는 맛인 거 같아요. 지금과는 다른 세상이 되었을 가능성들이 '실제로 있었다'는 걸 알 수 있으니까요. 그리고 이 지식은 우리로 하여금 더 나은 사회를 상상할 수 있게 도와줄 겁니다.

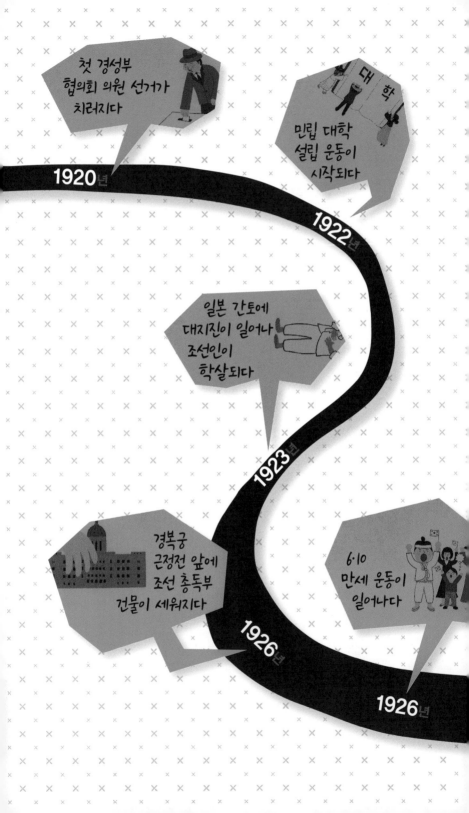

3장

문화 통치 시대

13

투표함

일제 강점기 때도
선거가
있었을까?

여러분은 대부분 아직 선거에 참여해 본 적이 없을 것입니다. 이전에는 선거 연령이 만 19세부터였지만 최근 법이 개정되어서 만 18세로 바뀌었습니다. 몇 년만 지나면 여러분은 스스로의 정치적 의지를 투표로 표현할 수 있게 됩니다. 그런데 식민지 조선인들은 자신들의 정치적 의지를 어떻게 표현했을까요?

 3·1 운동은 조선인들의 가장 강력한 정치적 의사 표현이었습니다. 일제는 이런 규모의 시위를 다시는 경험하고 싶지 않았던 것 같아요. 그래서 무단 통치와 다른 문화 통치가 등장하고, 선거도 실시합니다.

1926년 11월 20일, 경성부(일제 강점기 서울시에 해당하는 행정 구역)의 남대문 공립소학교에서 '경성부 협의회 의원 선거'의 투표가 시작되었습니다. 1920년 11월에 처음 이루어졌고, 3년마다 열렸으니 1926년의 선거는 세 번째였죠. 투표는 아침 8시부터 시작되었어요. 필동에 사는 일본인 니시자키가 처음 투표를 했고, 창신동에 사는 이치호가 마지막으로 투표를 했습니다. 최종 투표수는 7,200표. 개표해 보니 조선인과 일본인을 합한 52명의 입후보자 가운데 13명은 1표를 얻었습니다. 아마 저 1표는 본인이 본인에게 투표한 것이겠죠. 최종적으로 12명의 조선인과 18명의 일본인이 새롭게 경성부 협의회 의원이 되었어요. 이들은 다음 선거 때까지 경성부의 정책에 이런저런 자문을 할 수 있었습니다.

사실 선거라고는 했지만, 지금의 선거와 매우 다릅니다. 일단 선거권과 피선거권에 정말 큰 차이가 있었어요. 당시에는 선거에 25세 이상의 남성만 참여할 수 있었고, 연 5원 이상 경성부에 세금을 낸 사람이어야 했습니다. 1926년에 이 조건을 모두 채운 경성 사람은 조선인과 일본인을 합해 9,256명이었다고 합니다. 당시 경성의 인구가 30만 명을 조금 넘었으니 겨우 3퍼센트 정도만 선거에 참여할 수 있었던 셈입니다.

그리고 협의회 의원으로 당선이 되었어도 경성부의 정책을 결정하는 건 아니었습니다. 말 그대로 자문만 할 수 있었어요. 하지만 당시 사람들에게는 꽤 중요한 행사여서 선거 운동은 정말 치열했어요. 어떤 사람은 매일 자전거로 유권자를 찾아다녔고, 또 어떤 사람은 도시락을 나눠 주기도 했습니다. 부정행위도 일어났고요. 선거 운동 기간에 경성의 요리점은 접대 때문에 항상 만원이었다고 해요. 지금으로 치면 현수막 같은 것도 걸렸습니다.

1920년에 처음 시작된 이 선거는 문화 통치의 시작을 알리는 것이었어요. 1910년대에는 무단 통치가 이루어졌고, 3·1 운동이 여기에 초강력 펀치를 날렸다는 걸 우리는 잘 알고 있잖아요? 3·1 운동 직후 지배자가 어떤 고민을 했을지 생각해 보는 게 중요합니다. 그들은 '조선인을 어떻게 다스려야 할까?' 좀 더 구체적으로는 '어떻게 다스려야 저항하지 않을까?' 이런 질문을 정말 다방면에 걸쳐 해요. 무단 통치로는 더 이상 안 된다는 건 확실했고, 억누르는 대신 회유하기로 하죠. 그래서 1910년대에는 볼 수 없었던 장면이 많이 펼쳐졌습니다. 앞에서 무단 통치를 설명할 때 조선 총독은 군인만 할 수 있었다고 했잖아요? 이제 문관도 할 수 있게 규정을 바꾸었어요(다만 문관이 총독을 한 적은 없습니다). 악명 높던 태형과 헌병 경찰 제도도 폐지됩니다. 조선인을 관리로 임용하거나 그 처우도 개선되었죠. 1920년에는 〈동아일보〉와 〈조선일보〉 같은 한글 신문도 창간되었습니다. 1922년에는 '조선 교육령'을 공포해서 조선에도 일본과 똑같은 교육 제도를 실시한다고 했어요. 지방 자치도 시행했습니다. 선거도 이런 분위기 속에서 시행된 거죠.

"일제는 말 잘 듣는 조선인을 키우려고 해"

일제의 새로운 통치 방식은 언뜻 그럴 듯해 보입니다. 이전까지 조선인에게는 정치적이거나 사회적인 요구를 할 수 있는 방법이 없었거든요. 물론 가장 본질적인 요구는 독립이었죠. 3·1 운동은 이런 상황에서 독립의 기회를 놓치지 않으려는 시도였고요. 식민지가 있어야 문명국가인 시대였던 탓에 조선인의 목소리는 거의 들리지 않았지만, 일제는 막혀 있는 통로를 뚫어야 한다고 생각했어요. 이건 분명 '불만을 조금 들어줄게!'라는 것이기도 했습니다. 하지만 여기에는 큰 대가가 있었습니다. 일제는 조선인이 자발적으로 식민 지배를 인정하기를 원했어요. '어차피 독립은 못하잖아. 우리가 잘살게 해 줄 테니까 독립할 생각 말고 식민지로 살아.' 뭐, 이런 말을 하고 싶었던 게 아니었을까요?

일제는 조선인이 현실에 순응하며 살기를 원했습니다. 그래야 다시는 독립운동이 일어나지 않을 테니까요. 이를 위해 조선 지식인들의 '협력'이 필요했어요. 지식인들이 앞장서서 모범을 보인다면 민중들도 따라올 거라고 생각했겠죠. 일제는 정말 적극적으로 '친일파'를 키웠습니다. 지식인들도 일제의 의도에 다양하게 반응합니다. 자신의 이익을 위해, 권력을 위해 일제가 만든 무대에 오르기 시작해요. 타협하기도 하고 거부하기도 합니다. 식민지라는 현실을 어떻게 생각하느냐에 따라 갈라진 건데, 이 분열은 민족주의나 사회주의, 공산주의 같은 사상 아래에서 보다 체계적으로 정리됩니다. 그리고 독립의 방식이나 내용도 사람들마다 달라지게 되죠. 이는 김원봉이든, 김일성이든 최종 목표는 조선의 독립이었다는 뜻이기도 합니다. 이에 대해서는 뒤에서 한 번 더 이야기하겠습니다.

14

군산항에 쌀이
쌓인 이유는?

군산은 일제 강점기 시기의 건물이 비교적 많이 남아 있는 도시입니다. 그래서 '일제 강점기 도시'의 모습을 공부하는 사람들은 꼭 군산을 방문하죠. 군산 신흥동에 가면 일본식 주택인 히로쓰 가옥도 있고, 장미동(藏米洞)이란 동네에 가면 '군산 세관' 건물도 볼 수 있어요. '쌀(米)을 저장하는(藏) 동네'라니 이름이 좀 특이하죠? 그런데 이 특이함 속에는 조선인들의 고충이 담겨 있답니다.

 잠깐 아래 그림을 볼까요? 〈동아일보〉 1923년 5월 25일 자 지면에 실린 것입니다. 지주의 커다란 손이 소작농의 목을 쥐어짜고 있습니다. 소작농은 땀을 삘삘 흘리며 소작료를 토해 내고 있고요. 둘의 관계를 정말 잘 보여 주는 그림 같아요. 지주와 소작농은 일제 강점기의 농업을 이해하는 데 가장 핵심적인 요소입니다. 저 삽화는 양자의 관계가 너무나 일방적임을 암시하는데, 이 관계는 조선 총독부의 농업 정책이 야기한 면이 큽니다. 1920년대부터 시행된 산미 증식 계획이 대표적이죠.

지주와 소작농, 둘은 기본적으로 계약 관계였어요. 지주는 땅을 빌려줍니다. 소작농은 농사를 지어 작물을 수확하고 정해진 소작료를 내는 거죠. 문제는 협상이 존재하지 않았다는 것입니다. 지주는 소작료와 소작 기간을 마음대로 조정할 수 있었어요.

1920년대에는 소작 기간이 1년인 경우가 70퍼센트 정도였다는 통계가 있는데, '계약'을 갱신하지 않으면 농사를 1년밖에 못 짓는 농민이 엄청 많았다는 거죠. 얼마나 아찔하겠어요? 그러니 지주의 '갑질'은 필연적이었습니다. 많은 소작인이 지주가 부담해야 하는 비용까지 떠맡았어요. 농기구, 저수지의 설비와 수리, 각종 세금까지요. 가뜩이나 소작료도 내야 하는데 말입니다. 지주의 요구는 대체로 부당했지만 소작인은 따를 수밖에 없었던 거죠.

조선 총독부는 지주 편이었습니다. 일단 1910년대의 토지 조사 사업으로 지주가 된 이들이 대체로 일본인이었다는 점을 무시할 수는 없겠죠. 그래도 핵심은 '쌀의 생산을 늘리는 것'이 둘 모두에게 이익이었기 때문입니다. 1918년, 일본에서 일어난 쌀 소동은 총독부의 농업 정책에 큰 영향을 끼쳤어요. 일본에는 먹을 쌀이 부족했습니다. 이상하죠? 그때는 제1차 세계 대전이 거의 끝날 때쯤이어서 일본 경제는 전쟁 특수를 누리고 있었으니까요. 그런데 이게 좋지만은 않았습니다. 상품을 더 많이 만들기 위해 농사 짓는 땅에 공장을 세웠습니다. 농지를 잃은 농민들은 일자리를 위해 도시로 이주했죠. 심을 땅도, 지을 사람도 부족하니 쌀 생산이 감소하고, 쌀이 별로 없으니 가격은 많이 올랐습니다. 그래서 일본 민중은 폭동을 일으켰고요.

"쌀 생산량은 늘었지만 조선 농민들의 삶은 그대로"

이 소동은 당시의 일본 내각을 사퇴하게 할 정도로 파장이 컸습니다. 혼란은 쌀이 늘어나야 해결될 수 있었어요. 조선 총독부는 곧바로 상황에 맞는 농업 정책을 내놓습니다. 식민지 조선에서 쌀을 많이 생산하고, 이를 일본에 들이기로 한 거죠. 이것이 바로 아까 말한 산미 증식 계획이에요. 수확량이 많은 품종을 농가에 보급하고, 비싼 비료를 쓰도록 유도하고, 저수지나 제방 등의 수리 시설을 많이 만들었습니다. 지주들은 농사에 필요한 자금을 이전보다 쉽게 확보할 수 있었고요. 이렇게 생산된 쌀을 바로 군산항에 쌓아 놓고 일본에 이출시켰던 것입니다. 쌀이 이출된 만큼 지주의 재산은 늘어났죠. 총독부와 지주는 윈윈(win-win)이었습니다.

산미 증식 계획은 생산량만 두고 본다면 기대 이상이었습니다. 확실히 식민지 조선의 농업 생산력은 이전보다 증가했습니다. 1930년의 미곡 생산량은 멥쌀을 기준으로 약 1,800만 석이었어요. 1920년의 수확량이 1,400만 석이었으니 총독부로서는 자신들의 공적이라 여길 겁니다. 하지만 증산한 만큼 밖으로 나갔기 때문에 조선 농민들의 삶과는 별로 상관이 없었어요. 오히려 농민들의 가계는 계속 적자였습니다. 생계를 유지하는 게 어려워지자 농민들은 쟁의를 통해 농업 정책의 나쁜 점을 지적했어요.

다시 다른 삽화를 볼까요? 〈동아일보〉 1924년 4월 19일 자 지면에 실린 것입니다. 대검을 찬 경찰이 지주를 감싸고 소작인을 꾸짖고 있습니다. '조선 독특의 소작쟁의 해결법'이라니……. 제목이 상황을 정말 잘 비꼬고 있군요.

『朝鮮獨特의 小作爭議解決法』

15

서대문 형무소는 왜 탁 트인 곳에 지어졌을까?

식민지 조선에는 몇 개의 형무소가 있었고, 그 가운데 서대문 형무소가 가장 많이 알려져 있습니다. 독립문 근처에 형무소가 있다니 당시 사람들에게는 괴기스러운 느낌을 주었을 것 같아요. 형무소는 조선인들이 가장 무서워하는 건물이었습니다. 그리고 이 느낌은 일제가 일부러 만든 것이었어요.

 국어 교과서에서 '성북동 비둘기' 란 시를 본 적 있죠? 지은이 김광섭은 『나의 옥중기』라는 책으로도 유명합니다. 그는 일제 강점기에 학교 선생님이었어요. 1941년에 학생들을 선동해 독립운동을 하려 했다는 혐의를 받고, 3년 8개월 동안 서대문 형무소에 수감된 적이 있었습니다. 『나의 옥중기』는 이때의 경험과 느낀 바를 적은 것이죠. '오직 아무것도 생각하지 않는 게 나의 정신과 육체를 동시에 도피시키는 것이다.' 감옥에서 살려면 인간이 아니라 기계가 되어야 한다고 생각했던 것 같아요. 식민지 감옥이란 이렇게 무서운 곳이었습니다.

우리는 일정 기간 감옥에 가두는 것을 대표적인 형벌로 알고 있습니다. 이를 '징역'이라고 하죠. 그런데 '감옥에 가두는 것' 자체가 형벌이 된 때는 생각보다 오래되지 않았어요. 사극을 보면 옥에 갇혀 있는 죄인들의 모습이 가끔 나오는데, 사실 이때의 옥은 지금과 의미가 많이 다릅니다. "저놈의 주리를 틀어라!", "저놈을 매우 쳐라!" 이런 대사를 많이 들어 보았을 겁니다. 옥은 죄인이 이런 벌을 받기 전에 대기하는 장소였어요. 예전에는 사람의 몸에 직접 고통을 주었습니다. 이런 형벌을 신체형이라고 합니다.

신체형은 성격상 잔인할 수밖에 없습니다. 살이 찢기고 피가 튀기고 비명이 난무하니까요. 근대에 들어서면서 이런 형벌은 야만적이라는 인식이 강해져요. 그래서 신체형을 대신할 다른 형벌을 도입해야 했습니다. 그리고 아시아에도 경찰이 체포하고 검찰이 기소하며 법원이 판결하는 시스템이 들어왔어요. 법원은 검사와 변호사의 공방을 검토하고, 판결할 수 있는 권한을 가집니다. 이때 피고가 유죄라면, 판사는 근엄하게 말합니다. '피고 누구를 징역 얼마에 처한다.' 이런 형벌을 자유형이라고 불러요. 자유를 뺏는 거니까요. 감옥은 자유형을 집행하는 공간인 거죠.

아시아에서 처음으로 자유형을 도입한 나라는 일본입니다. 그런데 이 과정은 대한 제국을 식민지로 만드는 과정과 거의 같은 때 이루어졌어요. 일본과 대한 제국 사이에 '한국 사법 및 감옥 사무 위탁에 관한 각서'가 체결된 때가 1909년이었습니다. 한반도에서 '경찰이 체포하고 검찰이 기소하며 법원이 판결'한 후 범죄자를 '감옥에 가두는' 권한을 일본에 맡긴다는 것이었어요.

"아무리 가두어도
항일 운동은 사라지지 않았어"

1905년 을사조약 직후부터 항일 운동이 급증했습니다. 일본은 항일 운동을 통제하기 위해 1908년 10월에 경성 감옥을 만들어요. 이 감옥이 1923년 이름을 바꿔 서대문 형무소가 됩니다. 다시 말해 일본이 범죄를 다루는 권한을 가지려 했던 배경에는 항일 운동이 있었다는 것입니다. 결국 '항일'이 '범죄'가 되었던 거죠.

항일, 그러니까 범죄가 증가할수록 일본은 불안했고, 감옥은 이런 불안감을 예방하는 역할을 해야만 했어요. 요즘 교도소는 사람들 눈에 잘 띄지 않는 교외에 있죠? 하지만 서대문 형무소는 탁 트인 벌판에 서 있었어요. 형무소는 일부러 보려 하지 않아도 볼 수밖에 없는 곳에 있었습니다. 일제는 웅장한 형무소를 본 사람들이 이렇게 생각하기를 원했습니다. '까불면 안 되는구나.'

감옥의 효과는 분명히 있었습니다. 김광섭의 수기처럼 순간순간 사람을 좌절하게 만들었으니까요. 하지만 '항일'이 사라진 적이 없었음을 잊어서는 안 됩니다. 3·1 운동과 6·10 만세 운동이 있었고, 광주 학생 항일 운동도 있었습니다. 사회주의자나 민족주의자, 공산주의자의 운동도 있었고, 농민과 노동자들의 저항도 끊이지 않았습니다. 통치 권력의 의도는 끊임없이 어긋났습니다. 그리고 이 어긋남이 탄력을 받는 날은 분명히 옵니다. 시간문제일 뿐이죠.

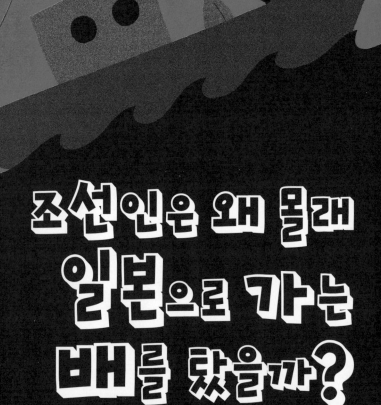

재일 조선인이라는 말을 들어 본 적 있나요? 말을 그대로 풀면 '일본에 있는 조선인'이란 뜻입니다. 그런데 왜 '재일 한국인'이라고 하지 않았을까요? 북한의 국호가 조선 민주주의 인민 공화국이니 북한 사람들을 가리키는 것일까요? 재일 조선인의 '조선'이 어느 나라를 가리키는지 알아내려면 일본에 조선인이 본격적으로 살기 시작한 역사를 먼저 살펴보아야 합니다.

 양명진이란 소녀가 있었습니다. 1925년 2월에 열세 살이었으니 여러분보다 조금 어렸네요. 양명진은 어린 나이에도 공장에 취직하러 일본에 가려고 했습니다. 부산항에서 배를 타기 직전, 경찰이 큰소리를 치며 무섭게 여러 가지를 검사했습니다. 일본에 왜 가려고 하는지, 몇 살인지, '여행 증명서'를 제대로 갖추었는지를 검사했죠. 양명진은 다행히 배를 탈 수 있었지만 몇몇 사람들은 검사에 통과하지 못했고, 누구는 그 자리에서 경찰에 연행되었어요. 일본은 조선인들이 마음대로 갈 수 있는 곳이 아니었나 봅니다.

경찰은 왜 이렇게 무섭게 굴었을까요? 양명진 일화는 일제가 조선인의 일본행을 막으려 했다는 걸 보여 줍니다. 따라서 왜 막으려 했는지를 이해하는 게 무척 중요하죠. 1910년대에는 그리 심하게 막지는 않았습니다. 그런데 3·1 운동이 일어나자 일제는 국내외 조선인들 사이의 연락이 독립운동을 확산시킨다는 것을 알게 되었어요. 일제는 이걸 막아야 했죠. 그래서 조선인들이 일본에 갈 '자격'이 있는지 한 명 한 명 검사했습니다. 여행 증명서는

일본에 갈 수 있는 일종의 '자격증'이었던 셈입니다.

일본은 '기회의 땅'이 아니었어요. 오히려 1923년 간토 대지진 때 벌어진 조선인 학살이 보여 주듯 언제든 폭력이 일어날 수 있는 곳이었죠. 여행 증명서를 발급받는 것도 어려웠고요. 그런데도 일본에 거주하는 조선인은 해마다 늘어나요. 1910년 2,600명에서 1915년에는 1만 5,000명을 넘었고, 1920년에는 4만 명 이상이 일본에 살았습니다. 1925년에는 21만 명, 1930년에는 41만 명이 넘었어요. 해방되던 해에는 일본에 '강제 동원'된 조선인도 엄청 많아서 200만 명 정도가 살았습니다.

"일거리를 잃은 농민들, 경성으로, 일본으로 떠나"

조선인은 왜 이렇게 일본에 가려고 했을까요? 당시 조선인 가운데 70~80퍼센트가 농민이었습니다. 그런데 농촌 경제가 안 좋아지면서 일거리를 잃는 사람들이 많아졌어요. 농민들은 도시나 해외로 떠났습니다. 일본에서 조선인은 싼 노동력이었어요. 그래도 일자리가 있다는 건 다행스러운 일이었습니다. 가족을 데리고 오거나 일본 내에서 네트워크도 만들면서 정착하기 시작했어요. 조선인에게 일본에 가는 것은 '현실'이자 '생활'이었습니다.

그러다 보니 '여행 증명서 제도'는 현실에 맞지 않았어요. 오히려 밀항이 현실적이었죠. 1925년부터 1931년까지 밀항을 시도한 조선인이 3,800명 정도 적발되었는데, 1932년부터는 한 해에 1,000명 이상씩 적발되었어요. 많을 때는 7,000명도 넘었습니다. 이 숫자에는 당연히 성공한 사람은 포함되지 않았을 테니까 밀항 시도는 해마다 엄청났다고 할 수 있습니다.

일본 내에 조선인이 점점 늘어나자 뭔가 불안했던 걸까요? 일제는 조선인이 호적을 옮기지 못하도록 조치합니다. 당시 조선인의 국적은 일본이었지만, 1922년 제정된 '조선 호적령'으로 조선인만의 호적이 생깁니다. 국적 안에 호적을 만들어서 조선인과 일본인을 철저히 구별하는 데 이용한 거죠. 재일 조선인의 '조선'은 바로 이렇게 만들어진 개념이에요. 조선인은 국적을 이탈할 수도 없고, 그렇다고 완전한 일본인이 될 수도 없었습니다. 한 연구자는 이를 조선인이 마주한 '이중 벽'이라고 표현합니다.

그런데 이 문제는 해방 이후에도 해결되지 않습니다. 분단 이후, 남쪽과 북쪽의 정부는 조선적을 가진 사람들을 외면했어요. 사실 이것이 해소되지 못했기 때문에 소위 '조센징(조선인)'이라는 '혐오'가 여전히 남아 있다고 할 수 있어요. 결국 지금 일본의 '혐한'에는 우리 책임도 있는 셈입니다.

17

조선인은
왜 대학을
세우려고 했을까?

일본 최초의 대학은 1877년에 세워진 도쿄 대학입니다. 식민지 조선에는 1924년 5월 경성 제국 대학 예과가 설치되면서 비로소 대학 교육이 시작되었어요. 서울 대학로 마로니에 공원에 법문학부 건물이, 서울대학교 병원 정문 옆에는 의학부 건물이 남아 있습니다. 이 대학은 일제가 만들었습니다. 그런데 조선인들도 대학을 만들려고 한 적이 있었어요. '식민지에서 벗어나려면 실력 양성을 해야 한다'는 것이었죠.

 1922년 2월 3일, 〈동아일보〉에 '민립 대학의 필요를 제창하노라'라는 사설이 실렸습니다. '관립은 관료주의가 발호하고 민립은 민주주의가 발생한다'면서 민립 대학의 설립을 주장했죠. 갑작스러운 주장은 아니었어요. 조선 교육회는 1920년에 창립하자마자 민립 대학 설립을 결의한 바가 있었거든요. 그런데 이 사설을 읽다 보면 마치 '민립'과 '관립'이 대결하는 것 같지 않나요? 이 대결의 과정을 보면 문화 통치라는 무대에서 조선인과 일제가 어떻게 움직였는지를 알 수 있을 겁니다. 뭔가 이상해 보이는 결말도요.

대결의 1라운드는 조선 총독부의 교육 방침과 관련이 있습니다. 일제는 1920년 11월과 1922년 2월 두 차례에 걸쳐 '조선 교육령'을 고쳤습니다. '일본인과 조선인의 교육을 되도록 구별하지 않고' 조선인이 고등 교육 기관에 진학할 수 있도록 한 거죠. '관립 대학'도 설립하기로 했습니다.

2라운드. 조선 총독부가 관립 대학을 설립하려고 하자 그에 맞춰 민립 대학을 만들자는 운동이 시작되었습니다. 이것을 '민립 대학 설립 운동'이라고 불러요. 1922년 11월에 '조선 민립 대학 기성 준비회'가 활동을 시작하고, 이상재, 이승훈, 윤치호, 김성수, 송진우 같은 당대 최고의 지식인이 참여합니다. 넉 달 만에 전국 각지에서 발기인이 1,000명 이상 모였어요. 1923년 3월 29일에 '조선 민립 대학 기성회'도 정식으로 출범합니다.

3라운드는 어땠을까요? 민립 대학 설립 운동은 한동안 순조로웠습니다. 전국 각지뿐만 아니라 만주와 하와이에도 지부가 설립되었고, 기금도 잘 모였죠. 하지만 안타깝게도 그해 엄청난 홍수가 조선을 뒤덮었고, 일본에서 간토 대지진이 일어났어요. 이듬해에도 가뭄과 홍수가 잇달아서 모금 속도가 크게 느려졌습니다.

반면 조선 총독부는 지지부진하던 관립 대학 설립에 박차를 가합니다. 대학 교육에서 주도권을 잡아야 한다고 생각했을 거예요. 1924년 첫 번째 신입생을 모집했고, 이들은 5월에 개설된 경성 제국 대학 예과생이 되었어요. 지방의 돈 많은 사람들도 서서히 민립 대학 설립에 협조하지 않기 시작했어요. 운동은 결국 안팎으로 동력을 잃어버렸습니다. 민립 대학은 운동으로 그친 반면에 관립 대학은 경성 제국 대학으로 나타난 거죠.

"실력 양성의 의미를
다르게 생각한 조선인도 생겨"

이제 남은 라운드가 있었을까요? 사실 이 운동은 실력 양성 운동의 일환이었어요. 문화 통치가 시작되자 조선인들은 자신들의 정치적 요구를 이전에 비해 조금은 자유롭게 말할 수 있었고, 일제도 어지간하면 막지 않았습니다. 조선인들은 이 기회를 놓치지 않으려 했어요. 따라서 이제부터는 무엇을 어떻게, 왜 말하는지가 무척 중요해졌습니다.

지식인들은 조선인들이 꿈(蒙)에서 깨어나도록(啓) 가르쳐야 한다고 생각했어요. 계몽(啓蒙)이죠. 그런데 시간이 지날수록 '깨어나야' 할 '꿈'이 무엇인지에 대한 의견이 갈라졌습니다. '조선인들이 깨야 하는 꿈은 무엇인가?' 어떤 사람들은 원래 그랬던 것처럼 '지배 받는 꿈'에서 깨어나야 한다고 생각했습니다. 그런데 어떤 사람들은 '독립이라는 꿈'에서 깨어나야 한다고 생각했어요. 지금 조선인이 할 일은 독립이 아니라 '나태한 민족성의 개조'라는 것이죠.

이 무렵 일어났던 다양한 실력 양성 운동은 대체로 이런 갈림길에 섰습니다. 물산 장려 운동도, 교육에 대한 열망도, 민립 대학 설립 운동도 시간이 지날수록 일제의 압도적인 물량 공세에 성과를 내기 어려웠습니다. 기득권을 가지고 있던 사람들은 이미 기울어진 판세를 굳이 힘들게 바꾸려고 하지 않았죠. 바뀐 것은 실력 양성의 의미였어요. 많은 조선인들이 공부를 열심히 했지만, 어떤 조선인들은 왜 공부를 해야 하는지를 예전과 다르게 받아들였습니다. '독립'이라는 '꿈'에서 깨어나기만 하면 출세할 수 있는 길은 여기저기에 생겼습니다. 출세가 목적이 되면서 일제의 지배에 협력하는 사람들도 생겼고요.

이상한 결말은 이런 것이었습니다. 실력 양성에서 '왜'의 내용이 달라지자 문화 통치는 탄력을 받았어요. 일제가 원했던 그림이었습니다. '어쩔 수 없다'는 생각은 일제의 지배를 수월하게 해 주었어요. 이것은 식민지 지배에 대한 일종의 체념이었으니까요. 체념을 극복하려면 '왜?'라는 질문을 해야 합니다. 그리고 해방은 이런 질문을 하는 사람들이 이루어 내요.

참! 여러분은 왜 공부를 하나요? 이런 질문을 스스로에게 던져 본 적이 있나요?

토막민은 일제 강점기 때 새롭게 만들어진 말입니다. 제방 주변이나 다리 밑, 공동묘지 근처에 있는 빈 땅에 '토막'을 짓고 살았기 때문에 이런 이름이 붙었죠. 토막은 거적 같은 것을 몇 개 이어 만든 초라한 움막이에요. 1920년대 중후반 토막민의 수가 크게 늘어나면서 사회 문제로 인식됩니다. 이들은 왜 고민거리가 되었을까요?

박완서의 소설『그 많던 싱아는 누가 다 먹었을까』에는 어린 시절을 회고하는 장면이 나와요. 박완서는 1931년에 태어나서 어렸을 때 식민지 시절을 겪었습니다. 작가는 자기 동네를 '집들도 층층다리처럼 비탈에 다닥다닥 붙어 있어서 곧 쏟아져 내릴 것 같은 이상한 동네'였다고 표현했어요. 이 '이상한 동네'는 지금 서울 종로구 현저동인데, 이곳에는 일제 강점기 때 가장 넓은 토막촌이 있었어요.

토막민은 통치 권력의 고민거리였습니다. 1942년에 경성 제국 대학 의학부에서 펴낸『토막민과 생활·위생』이란 책이 있어요. 이 책에는 토막민이 왜 생겼는지 힌트가 되는 구절이 있습니다. '농민은 농업만으로 한 가족의 생계를 이어 가는 것이 불가능하다. 그래서 어떻게든 도회로 나가지 않으면 안 된다는 식으로 방랑길에 오르게 된다.' 교과서에서 배운 현상이죠? 이촌향도. 1920년대부터 식민지 조선에서도 이런 현상이 두드러집니다.

우선 1920년대의 도시, 그중에서 경성의 상황을 살펴봅시다. 1916년에 약 25만 명이 살았고, 1920년까지는 별다른 변화가 없다가 이후부터 인구가 폭발적으로 증가합니다. 이촌향도 때문인데, 1925년에는 30만 명, 1930년에는 39만 명, 1935년에는 44만 명으로 늘어나요. 경성에 정착하는 데 실패한 사람들은 경성 주변에 자리를 잡기도 합니다. 1936년에 경성이 면적을 확장하면서 이런 곳도 경성에 포함되는데, 이때의 인구가 100만 명에 가까워져요. 지금의 서울 인구와 비교하면 별 거 아니라고 생각할 수 있지만, 당시에는 상당한 증가 폭이었습니다. 지금의 서울 인구와 비교하면 좀 우스워 보일 수도 있지만, 당시에는 상당한 증가폭이었어요.

"값싼 노동력을 제공하다가 땅 주인에게 쫓겨나는 토막민"

도시에 새롭게 온 사람들은 '굴러온 돌'이었습니다. 그들에게는 '박힌 돌'을 빼낼 능력이 없었고, 사실 도시도 이들을 감당할 능력이 충분하지 않았습니다. 그러니 자연스럽게 '제방 주변이나 다리 밑, 공동묘지 근처의 빈 땅'처럼 사람들이 살지 않는 곳에 정착하는 거죠. 이들은 이곳에 토막을 짓고 토막촌을 이루었어요.

일제가 처음부터 토막민을 문제로 여긴 것은 아니었습니다. 처음에는 일종의 체면 문제로 접근을 했던 것 같아요. 경성은 자타가 인정하는 식민지 조선의 중심 도시인데, 흉하고 지저분한 토

| 도시 계획에 따라 철거당하는 돈암동 일대 토막들(1939년 7월 6일 동아일보) |

막이 있으면 체면이 말이 아니잖아요? 그래서인지 행정 당국에서 토막의 철거를 명령하되 강제로 집행하지는 않던 시기가 있었습니다. 토막민, 다시 말해 빈민에 대한 체면 이상의 정책이 없었기 때문입니다. 사람이 살고 있는 집을 부숴 버리는 게 부담스럽기도 했고요. 게다가 도시는 노동력을 많이 필요로 합니다. 일당이 싼 토막민은 자본가에게 꼭 필요한 존재였죠. 여하튼 토막민은 이런 묶인 속에서 점차 경성의 일원이 되어 갔어요. 토막민의 수는 계속 늘어났습니다. 그리고 일제는 이와 관련된 대책을 제시하는 데 서툴렀습니다.

토막민이 사회 문제가 되는 것은 생각보다 극적이에요. 처음에는 문제가 아니었기 때문이죠. 보통 1920년대 후반을 중요하게 언급하는데, 도시가 확장되고 인구가 증가하면서 토막민이 살던 곳에 갑자기 '땅 주인'이 등장합니다. 지금도 그렇잖아요? 버려진 땅에 개발이 예정되면 원래 그곳에 살던 사람들이 할 수 있는 건 사실 아무것도 없습니다. 졸지에 그곳을 불법으로 점거하고 있는 사람이 될 뿐이죠. 토막민도 마찬가지였습니다. 그들은 경성에서 살아가기 위해 빈 땅에 거적 몇 개로 집을 지었고, 누구에게도 문제라는 이야기를 들은 적이 없었어요. 엄연한 경성의 구성원으로 살다가 하루아침에 불법적인 존재가 되었던 겁니다. 이만큼 '하루아침에 날벼락'인 경우가 또 있을까요?

잠깐 왼쪽 사진을 봅시다. 비록 토막에 불과하더라도 내 집이 부서졌습니다. 망연자실하게 앉아 있는 사람들은 과연 무슨 생각을 하고 있었을까요?

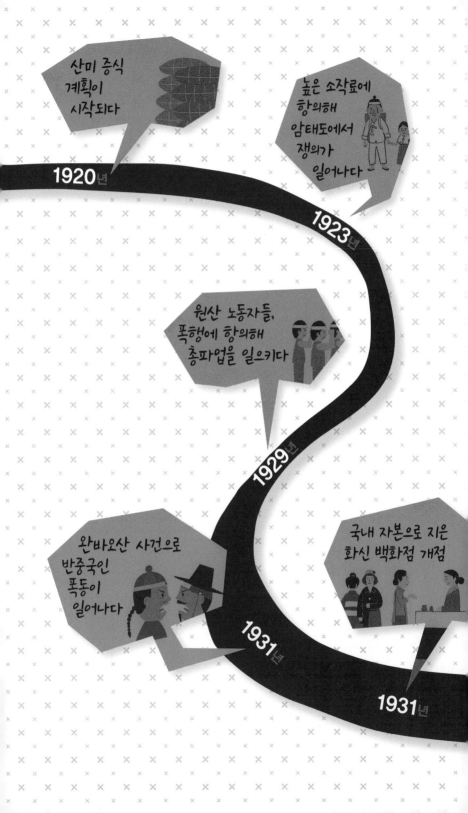

4장

자본주의와 근대

19

조선인에게
빵을 줘야
한다고?

프랑스 혁명 전날, 배고픈 민중들이 베르사유 궁전 앞으로 몰려가 "우리에게 빵을 달라!"고 외쳤다고 하죠. 여기서 빵은 '먹을 것' 일반을 가리키는 말인데, 당시 프랑스 민중의 삶이 얼마나 궁핍했는지를 말해 줍니다. 그런데 일제 강점기 때도 "조선인에게 빵을 줘야 한다"고 주장한 사람이 있었습니다. 6대 조선 총독 우가키 가즈시게입니다. 이 말은 도대체 무슨 뜻이었을까요?

역사학자들에게 우가키 가즈시게는 '일기'를 남긴 사람으로 유명합니다. 그의 일기는 중요한 사료로 활용돼요. 우가키는 일기에 '조선인에게는 적당한 빵을 주는 것이 중요하다. 조선의 부가 증가한 만큼 조선인의 부는 증가하지 않고 있다. 이것을 완화하고 제거하는 데 크게 신경 써야 한다'고 쓴 적이 있어요. 조선 총독에 부임하는 '각오'라고 생각해도 무방할 것 같습니다.

당시 일본과 조선을 둘러싼 상황은 결코 간단하지 않았어요. 1929년 10월, 뉴욕 주식 시장의 주가가 폭락하면서 발생한 세계 대공황! 제국주의 국가들은 대공황을 극복하기 위해 '경제 블록'을 만들었습니다. 여러 지역을 하나의 블록으로 합치고 그 안에서 제한을 받지 않고 경제 활동을 한다는 거죠. '밖은 위험하니 블록 안에서만 활동하자!' 이런 논리였어요. 서양 제국은 식민지가 많아서 금방 블록을 만들었습니다. 하지만 일본은 시간이 좀 걸렸어요. 1931년에 만주 사변을 일으키고 이듬해 만주국을 '건국'하면서 이른바 '엔(円) 블록'의 실체가 생겼습니다. '일본을 중심으로 블록을 만들어서 위기를 돌파하자!' 그래서 블록 안의 지역들은 일본이 부여한 위계를 가지게 되었어요. 따라서 식민지 조선의 경제적인 위상도 예전과는 다르게 설정될 수밖에 없었습니다.

1910년대와 1920년대 일제가 조선에서 가장 관심을 기울인 산업은 농업이었습니다. 이게 군산에 쌀이 쌓였던 이유잖아요? 하지만 대공황 이후에는 조선 쌀이 이전처럼 일본에 들어와서는 안 되었어요. 가뜩이나 어려운 일본 농민이 더욱 망할 수밖에 없으니까요. 그렇다고 쌀을 들여오는 걸 완전히 그만둘 수도 없었습니다. 쌀로 돈을 버는 자본가와 지주가 건재했기 때문입니다. 게다가 조선에서도 농민들이 '혁명적 농민 조합'을 만들어 저항하기 시작했죠. 농업을 둘러싸고 엄청난 갈등이 생긴 거예요. '갈등도 없애고, 블록 경제도 완성하려면 무엇을 어떻게 해야 할까?' 일제는 농업뿐만 아니라 공업도 육성해야 한다고 생각합니다. '만주를 농업 지대로 삼자. 일본은 정공업(기술 수준이 높은 공업) 지대로 하자. 그리고 조선은 조공업(원료를 1차 가공하는 공업) 지대로 삼자. 이렇게 블록을 만들자!'

"일제는 경제 블록을 위해
식민지 경제를 발전시켰어"

이제 식민지 조선에서는 농업과 공업이 함께 육성되기 시작합니다. 이걸 '농공병진 정책'이라고 해요. 먼저 농민에게 '빵'을 주어야 했습니다. 일제는 소작농의 권리와 관련된 '조선 농지령'과 '조선 소작 조정령' 등을 만들었습니다. 또 '잘살게 해 준다'며 농촌 진흥 운동을 퍼뜨렸어요. 이런 정책의 본질은 '가난의 이유가 농민 자신에게 있다'고 가르치는 것이었습니다. 가난의 이유가 자기 탓이라면 체제에 불만을 가질 이유가 없으니까요.

공업은 어땠을까요? 자본가에게 조선과 만주는 좋은 시장이었어요. 조선에는 자본가가 쉽게 진출할 수 있는 여건들이 만들어졌습니다. 댐 등의 발전 설비가 정비되자 전력은 저렴해졌고, 노동자의 권리와 관련된 법령들은 조선에 적용하지 않았어요. 자본가들은 어지간하면 망하지 않았습니다. 오히려 전쟁을 거쳐 더더욱 성장할 수 있었어요.

식민지 조선의 농업과 공업은 분명히 발전했습니다. 그러다 보니 경제 수치는 해마다 증가했죠. 이 점이 바로 식민지 근대화론의 핵심입니다. 식민지 때 자리 잡은 자본이 한국의 근대화를 뒷받침하고 있다는 것인데, 와 닿는 내용인가요? 다만 이 책의 첫 부분에도 언급한 것처럼 제국과 식민지를 동반하지 않은 근대화는 없었어요. 이 점을 염두에 두고 '누가 잘살게 해 주었는가?'와는 다른 질문을 해 보면 어떨까요?

20

대밀울

강주룡이
지붕 위로
올라간 이유는?

'고공 농성'이란 말을 들어 본 적이 있나요? 얼마 전 파인텍 노동자들의 고공 농성이 426일 만에 마무리되었어요. 굴뚝에서 계절이 5번 바뀌는 경험을 땅 위의 우리가 상상하기는 어려울 겁니다. 이토록 고통스럽게 농성을 하는 이유는 무엇일까요? 이를 역사적으로 생각할 수 있는 방법이 있습니다. 바로 체공녀(滯空女) 강주룡이죠!

"소원이 성취되면 다시 뵙고 만약 그렇지 않으면 지하에서 뵙겠습니다." 강주룡이 아버지에게 쓴 편지 내용입니다. 편지를 쓴 일자는 1931년 5월 29일입니다. 사람들이 평양의 을밀대 위에 올라가 있는 강주룡을 발견한 게 이날 오전이었으니, 편지는 아마 을밀대에 올라가기 직전에 남겼겠죠. 강주룡의 소원이 무엇이었기에 목숨을 걸 만큼 비장했을까요?

강주룡의 소원을 생각해 보는 건 아주 중요합니다. 강주룡은 이렇게 하지 않으면 사람들의 관심을 끌 수 없다고 생각했거든요. 이 행동은 효과가 있었습니다. 한 언론인은 강주룡의 투쟁을 '새로운 전술'이라며 높이 평가했어요. 신문과 잡지에서는 '체공녀(공중에 머무는 여자라는 뜻)'라는 말이 널리 쓰였습니다. 사람들은 이 여성 노동자의 결의 덕분에 이전에 몰랐던 걸 알 수 있었어요.

강주룡은 1901년 평북 강계에서 태어났어요. 열네 살 때 온 가족이 서간도로 이주를 했고, 스무 살 때 다섯 살 연하의 최전빈과 결혼했습니다. 이후 최전빈이 '독립군'에 들어가자 강주룡도 함께합니다. 반 년 정도 함께 있다가 남편의 권유로 시가에 갑니다. 그로부터 다시 반 년이 지났는데 갑자기 최전빈이 위독하다는 소식이 들려왔습니다. 부랴부랴 달려갔지만 결국 최전빈은 죽고, 강주룡은 시가로부터 '남편 죽인 년'으로 고발을 당해 경찰서 유치장에 갇힙니다. 너무 억울해서 일주일 동안 단식을 했어요. 아무튼 최전빈 집과의 인연은 이렇게 끝이 나고 집으로 돌아왔습니다. 평양에 있던 평원 고무 공장에 취직을 하고, 노동자가 되었어요. 가족의 생계를 책임져야 했기 때문입니다.

이제부터 할 이야기는 바로 노동자 개개인의 각성과 연대에 대해서입니다. 그리고 이 이야기는 노동자와 농민이 왜 '조합'을 만들었는지를 이해하기 위한 프롤로그이기도 해요.

당시 노동자의 삶은 정말 불합리했습니다. 사실 자본주의 사회에서 노동자의 삶이 합리적이기는 어려울 겁니다. 자본을 굴리는 가장 쉬운 방법은 예나 지금이나 임금을 되도록 싸게 주는 것이거든요. 강주룡이 다니던 공장은 어땠을까요? 이 공장은 주로 고무신을 만들었습니다. 평양에는 여러 개의 고무 공장이 있었는데, 너도나도 고무신을 싸게 팔아서 서로를 이기려고 했어요. 공장 주인들은 고무신 가격을 낮추려면 임금을 깎아야 한다고 생각했습니다. 게다가 이런 공장에는 대체로 여성이 많았는데, 여성에게는 남성보다 임금을 싸게 줘도 된다는 생각이 만연해 있었죠.

세계 대공황의 여파가 여전했던 1930년의 일입니다. 고무 공업 자본가들의 모임인 '전조선 고무 동업 연합회'는 임금의 10퍼센트 인하를 결의했어요. 그 지부에 해당하는 '평양 고무 동업회'는 한술 더 뜨죠. 현재 임금의 17퍼센트를 깎겠다고 발표합니다. 평양 공장의 노동자들이 결성한 '평양 고무 직공 조합'은 파업을 결의했습니다. 2천 명이 넘는 노동자가 약 한 달에 걸쳐 참여했어요. 알려진 바로는 3분의 2가 여성 노동자였고, 임금 보전 외에도 산전 산후 3주의 휴가, 생활 보장, 수유 시간의 자유 등도 요구했습니다. 강주룡도 참여했죠. 일본 경찰에 의해 강제로 해산되었지만, 이 경험을 통해 강주룡과 동료들은 노동자의 권리를 지키는 게 자기 자신을 지키는 거라고 생각하게 됩니다.

"임금 삭감을 저지하려고 을밀대에 오른 강주룡"

이듬해 5월, 공장과 노동자 간의 대결이 재연됩니다. 공장은 임금을 삭감할 것이고, 이에 저항하면 해고하겠다고 통보하죠. 강주룡은 이를 저지하기 위해 을밀대에 올랐습니다. 평양 사람들이 을밀대 밑으로 모였어요. "나는 죽음을 각오하고 이 지붕 위에 올라왔습니다. … 누구든지 이 지붕 위에 사다리를 대 놓기만 하면 나는 곧 떨어져 죽을 뿐입니다." 강주룡은 경찰에 의해 강제로 끌려 내려왔지만, 싸움을 멈추지 않았어요. 평양의 다른 노동자들도

| 을밀대 지붕 위에 올라간 강주룡 |

연대했습니다. 그리고 마침내 6월, 공장은 임금 삭감을 철회합니다. 와우!

　지금은 어떨까요? 상상하기 어렵겠지만, 여러분이 책을 읽고 있는 이 순간에도 농성은 여기저기에서 일어나고 있습니다. 하지만 홍수처럼 쏟아 내는 뉴스 중에 농성이 일어나고 있다는 이야기는 별로 없죠. 그러니 사람들에게 알리는 것이 중요할 수밖에요. 그들이 '모든 것을 걸고' 무엇을 하려 하는지를 생각해 보는 건 그래서 중요합니다.

21

서울에는
언제 백화점이
생겼을까?

생각해 보면 백화점은 참 신기한 곳입니다. 생활과 기호에 따라 필요한 거의 모든 물건을 한 곳에서 살 수 있으니까요. 지금이야 너무나 당연한 것처럼 보이지만, '진열'이라는 판매 방식은 당시에 꽤 커다란 충격을 주었습니다. 진열된 상품을 마치 산책하듯 구경하고 소비하는 경험은 처음이었으니까요. 그런데 백화점은 사람들에게 어떤 영향을 주었을까요?

 영화 〈암살〉을 잠깐 떠올려 볼까요? 극중 미츠코라는 여성이 백화점에서 쇼핑하는 장면이 있습니다. 진열된 갖가지 옷을 구경한 뒤에 "이걸로 할게."라고 하죠. 지금 우리가 백화점에 가서 하는 행동과 별반 다르지 않죠? 그런데 단순해 보이는 이 장면은 사실 백화점의 가장 큰 특징이기도 해요. 하나의 공간에 다양한 상품이 있고, 그 중에서 자신의 기호에 맞는 것을 선택해 구매할 수 있다는 것입니다. 이는 당시 사람들이 백화점으로부터 받은 가장 놀라운 충격이기도 했습니다. 백화점이 생기기 전에는 이런 형태의 소비가 없었거든요. 말 그대로 모든(百) 물건(貨)들이 있는 가게(店), 백화점이니까요.

이 영화에 등장하는 백화점은 당시 주소로 경성부 본정1정목 52번지에 있던 미쓰코시 백화점입니다. 해방 이후에 동화 백화점이 되었다가 한국 전쟁 때 미군 피엑스로 활용되었고, 1960년대 초반에 신세계 백화점으로 바뀌었습니다. 본정은 지금 서울 종로구 충무로 일대를 가리킵니다. 이곳은 경성에서 일본인이 가장 많이 살던 동네였어요. 그러니까 미쓰코시 백화점의 경영자는 일본인이 많은 동네에 소비자도 많을 거라고 생각했던 거죠.

경성에는 미쓰코시를 포함해 히라타, 미나카이, 조지야, 그리고 화신 백화점까지 5대 백화점이 있었습니다. 미쓰코시, 히라타, 미나카이는 본정1정목에 있었고, 조지야는 남대문통2정목(지금의 남대문로2가)에 있었습니다. 히라타와 미나카이가 있던 자리에는 지금 다른 건물이 들어섰어요. 조지야 백화점은 해방 이후 미도파 백화점이 되었다가 지금은 롯데 백화점으로 리모델링되었습니다. 네 개의 백화점은 모두 일본인이 많은 동네에 자리를 잡았지만, 화신은 조선인이 주로 거주하던 종로2정목에 있었어요. 지금의 종로타워 자리입니다.

"조선인도 일본인도 백화점의 매력에 빠져"

이런 사실은 소비라는 행위에도 민족 구별이 이루어지기는 했었음을 의미합니다. 화신 백화점은 이 점을 파고들었어요. 1933년에 개점한 화신 백화점은 스스로를 '민족 자본'이라고 선전합니다. 또한 조선인과 일본인의 경제 규모도 확인할 수 있어요. '백화점의 전성기'라 일컬어지는 1930년대 중반 경성에는 약 45만 명이 살았는데, 그 가운데 일본인은 12만 명 정도입니다. 그럼에도 일본인 동네에 네 개의 백화점이 몰려 있었던 거죠. 물론 '돈 좀 있는' 조선인들도 화신 백화점이 생기기 전에는 본정에서 어슬렁거렸습니다. 그들은 백화점이 없는 공간을 좀 무시했어요. 그러니까 자신들이 살던 공간을 자본주의적으로 평가한 것입니다. 이 부분이 참 중요합니다. 백화점은 조선인과 일본인 모두에게 매력적으로 다가왔던 것이죠.

연구자들은 경성을 비롯한 식민지 도시의 큰 특징으로 '이중 도시'라는 개념을 언급합니다. 예를 들어 경성의 경우에는 청계천을 경계로 조선인이 사는 북촌과 일본인이 사는 남촌으로 구분되었습니다. 백화점은 이 경계선을 순간순간 요동치게 만들었어요. 화신 백화점은 종로의 조선인 상권에 커다란 위협이었지만, '조선인의 백화점'이라는 면죄부를 받았습니다. 히라타와 조지야는 미쓰코시와 미나카이에 대항하려고 조선인이 살 만한 중저가 상품을 주력으로 취급했고요. 이런 접근이 쌓이면서 돈 좀 있는 조선인과 그렇지 않은 조선인 사이의 구획은 분명해졌습니다. 그리고 이런 구획은 식민지를 받아들이는 '태도'와 직결됩니다. 돈 잘 벌고 돈 잘 쓰는데, 식민지니 뭐니 무슨 상관이었겠어요?

22

조선인은
왜 중국인을
죽였을까?

사망 127명, 부상 393명, 재산 250만 원. 이 숫자는 1931년 7월 한 달간 중국인들이 조선에서 당한 피해입니다. 학살이라고 할 수 있는 이 사건의 범인은 조선인들이었습니다. 이 시기에 조선인과 중국인의 사이가 좋았다고 할 수는 없지만, 적어도 이 사건은 엄청난 오해에서 비롯된 것이었어요. 도대체 조선인과 중국인 사이에 어떤 일들이 있었던 걸까요?

일제 강점기에 발행된 잡지 〈개벽〉의 1934년 12월 호를 보면 김동인의 글이 하나 나와요. 태형에 대해 이야기할 때 잠깐 언급한 소설가죠? '유서광풍에 춤추는 대동강의 악몽'이란 글입니다. 그가 기억하는 1931년의 평양은 아래 구절처럼 악몽 같았어요.

> 이 명랑한 햇빛 아래, 평양 시내 각 곳에 널려 있을 중국인들의 참혹한 사체를 생각할 때에 이것이 꼭 꿈과 같았다.

당시 평양에서 살고 있었던 김동인은 조선인이 중국인을 학살하는 장면을 두 눈으로 보았던 겁니다. 그런데 이렇게 초현실적인 장면은 평양 말고도 여러 곳에서 나타났습니다. 경성, 인천, 개성, 청주, 공주, 전주, 광주, 군산, 사리원, 수원, 해주, 안주, 선천, 조치원…… 말 그대로 전국에서 일어났어요. 이는 조선인과 중국인이 한반도 곳곳에서 함께 살고 있었다는 의미이기도 합니다. 그런데 조선인은 도대체 왜 그런 걸까요? 질문에 답하려면 한 가지 사건을 알고 있어야 합니다. 바로 '완바오산(萬寶山) 사건'입니다.

완바오산 사건은 1931년 7월 2일, 중국 지린성의 완바오산 삼성보라는 곳에서 일어났습니다. 이곳에는 중국인 지주가 중국 정부로부터 빌린 넓은 황무지가 있었습니다. 조선 농민들은 이 땅에 벼를 심고 싶었어요. 그래서 중국인 지주에게 땅을 빌려서 논을 만들기 시작했습니다. 그런데 그 지주가 이 땅의 소유자는 아니었잖아요? 5월 말부터 조선 농민과 중국인들 사이에 크고 작은 충돌이 일어나요. 중국 정부와 농민은 "우리 땅이니까 논 만들지 마!" 하고, 조선 농민은 "논 만들려고 빌린 땅이야!" 하면서 갈등이 계속되었습니다. 그러다 7월 2일, 중국 농민이 논의 수로를 흙으로 메워 버렸고, 순간 욱한 조선 농민과의 사이에 싸움이 일어났습니다. 가볍게 다친 사람도 생겼어요.

이게 다였습니다. 그런데 다른 곳에서 문제가 쾅 터져 버립니다. 7월 3일 새벽 1시에 〈조선일보〉가 뿌린 호외가 문제였습니다. '중국 관민이 무장한 채 조선인들을 위협하고 있다'는 잘못된 내용이었어요. 이 보도의 파장은 무시무시했습니다. 호외가 뿌려지자마자 조선인들은 중국인들을 습격하기 시작했어요. 조선인들은 몰려다니면서 눈에 보이는 중국인들을 가차 없이 때리고 죽였습니다. 특히 평양이 심했는데, 오기영이라는 언론인의 회고가 이를 잘 보여 줍니다. 그는 〈동광〉이란 잡지에 '평양 폭동 사건 회고'라는, 다소 딱딱한 제목의 글을 실었어요(강주룡을 인터뷰한 사람이기도 합니다). 이 회고의 첫마디가 모든 걸 말해 주죠. "평양은 완전히 피로 물들었다."

"혐오는 우리에게 전혀 도움이 되지 않아"

어째서 오보가 이토록 강력한 영향력을 발휘했을까요? 식민지 조선에서 조선인과 중국인은 늘 경쟁하는 사이였습니다. 혹시 조선인들은 이것을 부당하다고 느꼈을까요? '가뜩이나 힘든데, 나는 왜 또 중국인하고도 경쟁을 해야 하지?' 이런 감정의 폭발도 있었을 겁니다. 하지만 조선인이 평소에 중국인을 '혐오'하고 있었다는 걸 지적하지 않을 수 없어요. 학자들은 그 원인을 여러 가지로 해석합니다. 민족주의가 과잉되었다, 제국의 신민이라는 감성이 생겨서 중국인을 깔보았다, 조선인의 울분이 엄한 곳으로 흘렀다 등등. 아마 다 맞는 이야기일 겁니다.

그런데 이런 질문을 던져 보면 어떨까요? 조선인의 중국인 혐오로 가장 이득을 본 쪽은? 참고로 당시 조선 총독이던 우가키 가즈시게의 '일기'에 이런 내용이 있어요. '평양 사건은 이런저런 면에서 조선인의 기백이 아직 존재하고 있다는 것을 보여 주었다. 그래서 내지인(일본인)에게도 상당한 경계심을 가지게 했다. 또 중국인의 조선 진출도 어느 정도까지 막을 수 있었다.'

그러니까 조선인이 중국인을 혐오해 준 덕분에 통치가 좀 더 수월해졌다는 겁니다. 혐오는 우리에게 아무것도 주지 않아요. 이득을 보는 쪽은 예나 지금이나 권력을 가진 사람들일 겁니다. 이런 일을 우리가 굳이 할 필요는 없겠죠.

김동인은 회고 말미에 '평화로운 얼굴로 자기 가게를 열고 있는 무리 중에는 어젯밤에 살육을 감행하던 무리도 섞여 있지 않을까?' 라고 적었습니다. 그는 '선량한 조선인'과 '살육을 감행하던 무리'를 구별하고 싶었던 것 같아요. 하지만 이런 구별이 당연해지면 혐오 문제는 '남의 일'로 돌아갈 가능성이 큽니다. '나는 혐오를 한 적이 없다'고 굳게 믿어 버리는 거죠. 지금의 우리는 혐오를 '남의 일'로 치부하지 말고 항상 경계했으면 좋겠습니다. 참고로 김동인은 이 학살이 '소설가인 나에게는 무엇에 비길 수 없는 큰 수확'이었다고 썼어요. 이런 게 혐오가 아니면 무엇이겠어요?

23

<조선일보>는
어떻게 부자가
되었을까?

〈조선일보〉는 한국 사회에서 가장 많은 발행 부수를 기록하고, 가장 영향력이 큰 신문입니다. 〈조선일보〉 사주들은 언론계에서 가장 재산이 많기도 해요. 1930년대 초만 하더라도 직원들 월급조차 제대로 주지 못하던 때가 있었는데 말이죠. 〈조선일보〉에 무슨 일이 있었던 걸까요?

 1923년 어느 날, 최창학은 자신의 고향 근처인 평북 구성군 조악동의 한 폐광에서 외로이 망치질을 하고 있었습니다. 그는 10년 남짓한 시간 동안 금광을 찾아 돌아다녔어요. '조악동이 마지막'이라는 생각으로 100여 명의 동업자와 함께 이곳의 폐광을 두드린 건 1919년부터였습니다. 4년 동안 두드려도 금맥을 찾지 못하니, 주변 사람들이 떠난 건 어찌 보면 너무나 자연스러운 일이었죠. 30대 중반의 최창학은 그날 아침도 외로이 망치질을 계속했습니다. 그리고 로또 당첨처럼 마침내 금맥을 찾아내죠! 이렇게 찾아낸 금광은 그의 삶, 더 나아가 식민지 조선에 적잖은 영향을 끼치게 됩니다.

최창학의 이름이 다시 사람들의 입에 오르내린 때는 1920년대 후반이었습니다. 금광을 지키기 위한 그의 일념은 참 대단했습니다. 중국 상하이의 독립운동가가 자금을 요구하자 '혈투'를 벌여 쫓아냈다는 일화는 최창학을 유명 인사로 만들어 주었죠. 어쨌든 이런저런 사업 수완을 활용해서 벌어들인 돈은 정말 어마어마했습니다. 투자를 하든, 친일을 하든 돈을 불리는 재능은 타고 났죠. 사람들은 최창학의 '노잣돈'이 마치 로또처럼 갑자기 찾아왔다는 점에 주목했어요.

"불안정한 삶에서 일확천금의 꿈을 꾸다"

식민지 조선은 자본주의가 확산되던 공간이었습니다. 지금 우리에게 자본주의는 익숙한 용어이지만, 당시 사람들에게는 낯선 것이었어요. 사람들은 자본주의 속에서 자신의 삶을 예측하는 걸 어려워했습니다. 일자리도 안정적이지 않았고, '내가 과연 가난으로부터 벗어날 수 있을까?' 이런 의문이 머리에서 떠나지 않았습니다. 답답하고, 암울하고, 정말 짜증나는 이놈의 세상, 여기에서 벗어나려면 뭘 어떻게 해야 했을까요? 이럴 때 원래 자기들과 비슷한 처지였던 최창학 같은 인물의 성공담은 사람들에게 매혹적으로 다가갔습니다. 바로 '일확천금' 말입니다. 그래서 투기가 유행하죠. 식민지 조선에서는 미두(米豆)와 금광이 대표적인 투기 대상이었어요. 쌀을 현물 없이 사고파는 미두는 1920년대부터 1930년대 말까지 각계각층을 강력하게 유혹하던 일확천금의 무대였습니다.

조선에 금광 열풍이 분 것은 1932년부터였습니다. 여러 조건이 맞아떨어진 면이 있죠. 1920년대 일본 경제는 심각한 공황 상태였어요. 일본 정부는 이를 타개하기 위해 1930년 1월, 금의 수출을 금지하던 기존의 경제 정책을 바꾸죠. 그런데 1929년 10월에 터진 대공황의 여파 때문에 예상보다 훨씬 많은 금이 해외로 나가 버려요. 국내에 금이 없다는 건 큰 문제였거든요. 그래서 1931년 12월, 금 수출을 다시 금지하게 됩니다. 이와 함께 밀매매를 단속하거나 금의 생산을 장려하는 정책도 취하고요. 일본 정부가 금을 확보하려고 하자 금값은 폭등했습니다.

최창학의 사례도 있겠다, 이제 번듯한 금광 하나만 찾으면 팔자를 완전히 바꿀 수 있다고 생각했던 걸까요? 사람들은 너나 할 것 없이 작은 금맥이라도 찾기 위해 미친 듯이 산을 파헤치기 시작했어요. 포기할까 싶으면 그새 다른 성공 사례가 들렸습니다. '천신만고 끝에 경북 어느 고을에서 금광을 발견한 김대원'의 일화는 사람들의 맘을 다잡게 도와주었죠. '일확천금'이란 말도 부정되었어요. 예를 들어 『조선 광업령 요론』이란 책은 "광업은 일확천금의 꿈이 아니다. 꿈속에서 황금을 캐려면 실패하기 쉬우니 광업가 여러분은 금을 캐기 전에 먼저 이 책을 읽어라!" 하고 광고했어요. 금광 열풍은 모든 사람에게 확산되었습니다. 누군가의 말마따나 '산야에는 광맥을 찾는 일확천금을 꿈꾸는 사람의 발길이 안 이른 곳이 거의 없게' 되었습니다. 말 그대로 황금에 미친 시대, 황금광 시대였습니다.

이런 투기는 정말 우연하게 〈조선일보〉를 살려 줍니다. 당시

〈조선일보〉의 경영은 곤란한 상황이었어요. 심지어 부도를 막기 위해 사채를 끌어다 썼는데, 못 갚아서 판권을 저당 잡히기도 했죠. 경영권 다툼도 비일비재했고요. 당연히 〈동아일보〉보다 발행 부수도 훨씬 적었습니다. 이때 평북 정주 출신의 방응모가 〈조선일보〉를 인수해요. 1926년에 '새끼손가락 세 개 굵기'의 엄청난 노다지를 찾고 하루아침에 부자가 된 인물이었습니다. 방응모는 사장이 되자마자 '혁신'에 들어갔고, 또 성공합니다. 돈이 많으니 스케일이 남달랐어요. 갑자기 지면을 12면으로 늘린다거나 100만 부를 전국에 공짜로 뿌리기도 하죠.

요즘 〈조선일보〉 관련된 기사를 보면 방씨 성을 가진 사람들이 많이 나오죠? 방응모가 금맥을 찾는 데 인생을 걸지 않았다면 오늘날 〈조선일보〉를 볼 수는 없었을 겁니다. 정말 엄청난 우연이죠.

24

노동자와 농민은
왜 조합을
만들었을까?

노동조합이란 말을 들어 본 적 있죠? '노조'라는 말이 더 익숙할지도 모르겠군요. 웹툰 〈송곳〉에서 점장이 그러잖아요? "노조에 가입했다고? 나랑 싸우고 싶은 거야?" 일반적으로 회사는 노조를 그다지 좋아하지 않습니다. 식민지 조선에서도 노동자와 농민이 조합을 결성해서 활동하면 총독부가 탄압하기 일쑤였죠. 도대체 노동자와 농민은 왜 조합을 만들었을까요?

 앞서 강주룡에 대해 이야기했죠?
이 일화는 '평양의 고무 공장이 임금 삭감을 철회했다'에서 끝나지 않아요. 1931년 6월, 경찰은 그녀를 다시 체포합니다. 혐의는 '혁명적 노동조합에 가입했다'는 것입니다. 강주룡은 감옥에서 심한 신경 쇠약과 소화 불량 등의 병을 얻어 1932년 6월에 병보석으로 나옵니다. 출감했지만 병을 치료할 여건은 되지 않았고, 얼마 지나지 않아 빈민굴에서 사망합니다. 정말 모든 것, 심지어 자신의 목숨까지 걸고 운동을 한 셈이죠. 장례는 강주룡과 뜻을 같이했던 사람들 100여 명이 치러 주었어요. 바로 '혁명적 노동조합'의 조합원들이었습니다.

이 책에서 몇 번 이야기했듯이 농민과 노동자들은 식민지 조선에서 취약한 계층일 수밖에 없었습니다. 우리는 지금 자본주의 사회를 너무나 당연하게 생각하잖아요? 그런데 당시 사람들에게는 그렇지 않았습니다. 적응하기 쉽지 않았어요. 상품을 만들려면 공장과 회사가 필요하고, 상품을 옮기려면 철도와 도로, 항구가 있어야 합니다. 전기도 있어야 하니 댐 같은 게 필요하고요. 그리고 가장 중요한 게 있어야 하죠. 노동력! 건설 현장이나 공장, 회사에 가서 일하고 돈을 받는다? 사람들은 자신의 몸뚱이가 돈으로 바뀐다는 사실을 낯설어했습니다.

하지만 자본가는 이런 사실에 무척 익숙했어요. 노동력의 값은 노동자가 아니라 자본가가 매겼습니다. 이러다 보니 자본과 노동은 서로에게 꼭 필요했음에도 불구하고 동등하지는 않았어요. 자본가는 인건비를 낮추고 노동 시간을 늘렸습니다. 앞서 이야기한 것처럼 지주는 소작료와 소작 기간으로 농민을 괴롭게 했고요. 노동자와 농민은 제대로 대응하지 못했어요. 법과 제도 역시 자본가에게 유리했습니다. 하지만 시간이 흐를수록 사람들은 다른 생각을 하게 되었어요. '뭔가 잘못되었어.' 노동자와 농민은 자신들에게 권리가 있고, 싸워야 한다고 느꼈어요.

'자본주의가 당연한 거야? 진짜?' 이런 의문이 밖으로 나오기 시작한 건 3·1 운동 전후부터입니다. 앞서 3·1 운동을 무조건 민족 운동이라고 하기는 어렵다고 했잖아요? 때맞춰 사회주의도 조선에 들어왔고요. 사회주의는 노동자와 농민에게 '평등'을 외쳤습니다. '자본주의를 대신할 수 있지 않을까?' 이런 기대감이 높아졌어요. 노동 단체가 만들어지기 시작하고, 노동 운동도 활발해졌죠. 1920년 4월, 최초의 노동 운동 단체인 조선 노동 공제회가 창립됩니다. 1921년 9월, 부산의 부두에서 임금 인하에 항의하며 최초의 파업이 일어나요. 1923년 8월에는 전남 암태도에서 70퍼센트 이상에 달하는 소작료의 인하를 요구하며 커다란 소작 쟁의가 일어났습니다. 파업과 쟁의는 드물지 않았습니다. 특히 1929년의 원산 총파업은 매우 유명하죠. 당시 원산의 조선인 인구가 2만 5천 명(절대 적은 숫자가 아닙니다) 이상이었는데, 이 가운데 3분의 1이 참여했다고 해요.

"조합 운동과 파업으로 노동자와 농민의 힘을 보여 줬어"

사회주의자들은 이 상황에 고무되었습니다. 게다가 1929년의 대공황은 이런 낙관을 하게 했어요. '이거 봐, 자본주의는 결국 스스로 망한다니까!' 그들은 조합을 통해서 보다 체계적이고 격렬한 운동을 기획했습니다. 혁명적 노동조합과 혁명적 농민 조합은 이렇게 만들어집니다. 농민과 노동자들도 이전보다 효과적으로 자본가를 흔들 수 있다고 생각했어요. 함남의 신흥 탄광, 강주룡이 참여한 평양의 고무 공장, 평북 용천의 서선 농장, 경남 김해의 사코마 농장……. 1930년대에 혁명적 조합 운동은 여기저기에서 쉴 새 없이 일어났습니다.

"일제의 침략 전쟁 반대! 중국 혁명 지지!", "토지는 밭갈이하는 농민에게!", "노동자와 농민이 주인인 세상을 만들자!" 당시 노동자와 농민이 외친 구호입니다. 이들은 새로운 세상을 이룩하기 위해 정치에 뛰어들었어요. 이 활동을 시간 낭비라고 생각하지 않았으면 좋겠습니다. 사실 일제 강점기의 모든 운동이 이런 취급을 받았어요. '독립운동은 시간 낭비'라는 게 사실이었다면 우리는 여전히 식민지에서 살고 있을 테죠. 우리에게 미래가 있는 이상, 다른 세계를 상상하는 운동은 결코 사라지지 않습니다.

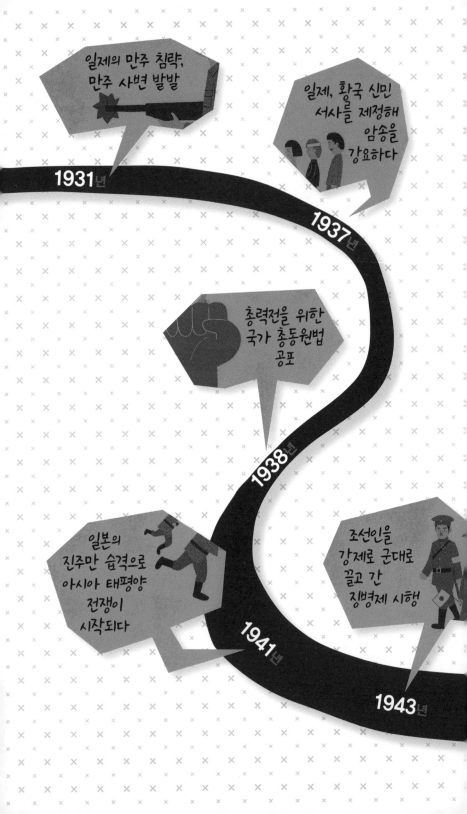

5장

전쟁에
동원되다

25

아침마다 황국 신민의 맹세를 했다고?

'황국 신민'은 '천황이 다스리는 나라의 신하된 백성'이란 뜻입니다. 일제는 자국민이 스스로를 황국 신민으로 생각하게 된다면 전쟁에 자발적이고 적극적으로 참여할 거라고 생각했어요. 이러한 의도는 조선인에게도 여지없이 적용되었습니다. '천황을 위해 죽을 수 있는 조선인'을 만드는 것, 이것이 1937년 중일 전쟁 이후 일제의 가장 큰 고민거리였습니다.

 1939년 11월 24일, 서울 남산의 조선 신궁에서 '황국신민서사지주(皇国臣民誓詞之柱)' 제막식이 성대하게 열렸습니다. 주(柱)는 기둥이란 뜻입니다. 조선 총독부가 선발한 보통학교 학생 네 명이 기둥의 제막을 맡았죠. 공사비가 10만 원 들었다는데, 모두 학생들에게 걷었습니다. 높이는 약 17미터, 너비가 약 25미터에 달했다고 하니, 지금의 5층짜리 아파트보다 높았어요. 땅을 다지기 위해 사용된 조약돌에는 학생들의 이름이 적혀 있었고, '황국 신민의 서사'를 정성스럽게 쓴 종이들이 기단 안에 보관되었습니다. 1947년 여름이 되자 서울 사람들은 이 기둥을 "이따위 물건!"이라며 유쾌하게 부숴 버렸어요. 부수기 전에 기단 안에 있던 종이들을 회수했는데, 트럭 하나에 가득 실릴 정도로 많았습니다.

일제는 1937년 7월에 중일 전쟁을, 1941년 12월에 아시아 태평양 전쟁을 일으킵니다. 이때 일본 제국에 사는 모든 사람들은 황국 신민이라는 정체성을 강요받았어요. 조선인도 마찬가지였습니다. '조선인이 과연 일본을 위해 전쟁을 할까?' 전쟁을 수행하기 위해서는 이런 의구심이 사라져야 했어요. 총독부의 모든 역량이 조선인을 황국 신민으로 만드는 데 집중되었습니다. 황국 신민의 서사는 그 출발이었고요.

"전쟁에 적극적 협조를 끌어내려 황국 신민을 강요해"

'서사'는 맹세라는 말입니다. 1937년 10월에 아동용과 어른용, 두 가지 버전으로 만들어집니다. 앞서 언급한 기둥은 맹세를 눈에 보이게 하는 기념물이었습니다. 맹세는 말 그대로 일상이 되어야 했거든요. 만약 여러분이 이 시기에 학교를 다녔다면 아침 조회 때마다 아래와 같은 서사를 외치고 공부를 시작했을 겁니다. 직장에서도, 어떤 공식적인 모임이나 행사에 참여해서도 마찬가지였어요.

1. 우리는 황국 신민이다. 충성으로서 군국에 보답하련다.
2. 우리 황국 신민은 신애협력하여 단결을 굳게 하련다.
3. 우리 황국 신민은 인고단련하여 힘을 길러 황도를 선양하련다.

이런 상황은 사람들이 스스로 황국 신민임을 맹세하고 나서야 일상을 시작할 수 있었음을 의미합니다. 따라서 황국 신민으로 만드는 방법은 굉장히 세밀했고, 세밀한 만큼 폭력적이었어요. 조선인은 학교에서 우리말을 쓸 수 없게 되었고, 1942년부터는 공공 기관에서도 일본어만 사용했습니다. 일본어를 모르면 생활 자체를 할 수 없었죠. 1939년 11월부터는 이름도 바꿔야 했어요. 아마 여러분의 할머니, 할아버지는 이런 경험을 하셨을 확률이 높지 않겠지만, 1932년에 태어나 일제 강점기에 학창 시절을 보낸 제 외할머니는 지금도 일본어를 곧잘 하시죠. 일본 이름도 기억하시고요.

공부를 하고, 밥을 먹고, 친구를 만나고, 옷과 먹거리를 사고파는 그런 일상이 모두 전쟁을 위한 것이었습니다. 어떤 생각이 드나요? 카키색 교복에 각반을 찬 채 공부를 하고, 물자를 아끼기 위해 쌀을 배급 받으며, 근로 보국단 같은 단체에서 또래와 함께 하루 종일 일을 하고, 일하기 편한 국민복이나 몸뻬(여성용 작업복 바지)를 입어야 하는 일상 말입니다.

바로 여기에서부터 많은 일들이 일어납니다. 우선 이런 일상을 받아들이지 않는 사람은 황국 신민이 아니라는 논리가 등장해요. 배급을 받지 못하거나 버스나 전차도 못 타고 사찰을 당해도 황국 신민이 아니니 하소연할 데가 없었죠. 또 이런 일상이 법으로 정해졌기 때문에 처벌을 받기도 했고요. 힘든 일상에서 떠나기 위해 어떤 이들은 '일자리' 유혹에 빠지기도 했습니다. '좋은 일자리가 있다'고 한 사람들을 따라 트럭을 타고, 배를 타고, 걷기도 하다

| 황국신민서사지주 제막식 모습(1939년) |

보면 속임수라는 걸 금방 알아차릴 수 있었어요. 어떤 여성들은 일자리를 찾으러 갔다가 일본군 '위안부'가 되기도 했죠.

일제는 국민과 국민이 아닌 사람을 확실하게 구분하면서 전쟁을 치렀어요. 국민이라는 정체성을 받아들인 사람들은 그렇지 않은 사람들을 차별하는 데 앞장섰어요. 국가가 우리의 삶에 폭력적으로 개입하자 사람들의 관계에 위계가 생긴 것입니다. 이러한 위계를 부수려면 어떻게 해야 할까요? '국민이냐? 아니냐?'라는 질문 말고, 각자의 다양한 정체성을 인정하는 게 필요하지 않을까요?

26

개새끼로
성을 바꾸려 한
사람이 있었다고?

누군가에게 나를 소개할 때 먼저 이름을 말하죠. 이름은 나의 정체성을 생각할 때 가장 기초가 되는 것이니까요. 그래서 자신의 정체성을 고민하는 사람들은 스스로 이름을 바꾸기도 하죠. 그런데 1940년대 식민지 조선의 상황은 달랐습니다. 사람들은 성과 이름을 일본식으로 바꿨어요. 강요받기도 했지만 한편으로는 자발적이기도 했습니다. 조선인이란 정체성이 맘에 들지 않았기 때문이었을까요?

 잠깐 한일 병합 직후에 있었던 일들을 몇 가지 이야기해 보겠습니다. 조선인 중에 이름을 일본식으로 바꿔 관청에 신고하는 경우가 더러 있었어요. 예를 들어 전주 경찰서에서 근무하던 천종익은 순사보에서 순사로 승진하자 '니시카와 유지로'로 이름을 바꾸었습니다. '나가키요 긴자부로'로 이름을 바꾼 김대원이란 사람도 있었고, '기타가와 모토오'란 이름을 가지게 된 통역생 김상필도 있었어요. 사례가 많지는 않지만 그렇다고 무시할 정도는 아니었어요.

일제는 자발적으로 이름을 바꾸는 조선인들을 어떻게 생각했을까요? 조선인과 일본인의 동화가 식민지 지배의 슬로건이었으니 꽤나 장려했을 것도 같습니다. 하지만 일제는 1911년 10월에 '조선인의 성명 개칭에 관한 건'이라는 법령을 만들어서 조선인이 '일본인과 혼동하기 쉬운 성명'을 쓰지 못하게 했어요. 그래서 위에서 언급한 조선인들은 원래 이름으로 바꾸었다고 합니다. 하지만 약 30년 후에 조선인의 '창씨개명'은 강제되었어요. 여기에는 어떤 의미가 있는 걸까요?

창씨개명(創氏改名)은 그냥 일본식 성과 이름으로 바꾼다는 뜻이 아닙니다. 그러니까 씨(氏)를 만들고(創), 이름(名)을 바꾼다(改)는 뜻인데, '씨'와 '성'은 개념이 달라요. 조선인과 일본인은 이름을 짓는 원리가 다르다는 거죠. 조선인은 무조건 아버지의 성을 따라야 했습니다. 저를 예로 들어 보죠. 제 이름은 영욱입니다. 성은 전(全)이고 본관은 강원도 정선이에요. 이건 아버지 쪽 혈통을 따른 것이고, 본관과 성은 평생 변하지 않죠. 여성 이땡땡이 저와 결혼을 해도 성이 '전'으로 바뀌지는 않습니다. 이(李)는 여성의 아버지 쪽 혈통을 따른 것이니까요. 반면 일본은 혈통이 아니라 '가(家)'를 따라요. 만화 〈명탐정 코난〉의 두 주인공, 구도 신이치와 모리 란을 예로 들어 보죠. 신이치는 구도라는 '가'에 속해 있기 때문에 구도 신이치입니다. 란은 모리라는 '가'에 속한 것이고요. 나중에 둘이 결혼을 하면 란은 구도라는 '가'에 들어가는 것이므로 구도 란이 됩니다. 만약 신이치가 모리 고고로(란의 아버지)의 양자가 된다면 모리 '가'에 들어가는 것이므로 모리 신이치가 될 겁니다.

조선인의 이름은 혈통이 중심이어서 일본인의 이름과 어울릴 수 없었어요. 일본의 '씨' 개념은 천황을 가장 높은 '가'로 두는 것이거든요. 천황 아래에 구도, 모리, 이토, 사토, 스즈키, 야마모토, 나카무라 등등의 '가'가 있는 거죠. 그러니까 일제가 조선인에게 '창씨'를 강제한 것은 가족 제도 자체를 바꾸는 것으로 이해해야 합니다. 창씨를 하면 '각 가정이 직접 천황과 연결'된다는 것이죠. 일제는 혈통이 아니라 천황을 중심에 두도록 했고, 그럼으로써 충성심을 높일 수 있다고 믿은 것입니다. 그냥 이름을 일본식으로 바꾸는 게 아니었어요.

창씨개명은 전쟁과 더불어 급속히 진행됩니다. 1939년 11월, '조선 민사령'이 개정되었고, '조선인의 씨명에 관한 건'과 '조선인의 씨명 변경에 관한 건'이란 법령도 새롭게 등장합니다. 법령의 내용들을 종합해 보면 창씨는 의무였고, 개명은 본인의 의사에 따를 수 있었어요. 통계에 따르면 창씨를 신고한 호수는 약 330만 호였습니다. 이는 조선인 전체 호수의 약 80%에 해당합니다. 하지만 신고하지 않으면 호주의 성을 씨로 한다는 조항이 있었기 때문에 100퍼센트라고 봐도 무리는 아닐 겁니다.

"일본식 씨를 강제해도 조선인들은 다양한 방식으로 지켰어"

조선인들은 창씨에 다양한 방법으로 대응했어요. 자신들의 정체성을 지키려고 말입니다. 어떤 사람들은 씨에 자신들의 원래 성을 드러낼 수 있는 방법을 고민했어요. 예를 들어 기노코(木子)는 원래 자신들이 이(李)였음을 드러내기 위한 창씨였어요. 木과 子를 합하면 李가 되니까요. 또 이누노코(犬の子)로 창씨를 하려 했던 사람도 있었대요. 개(犬)의 새끼(子). 창씨를 하는 자신이 개

새끼라는 거죠. 창씨를 거부하거나 비판해서 감옥에 간 사람도 적지 않았습니다. 어쨌든 이때는 창씨를 하지 않는 게 거의 불가능한 시기였습니다. 그럼에도 '나'를 지키려고 했다는 것, 이것이 창씨개명을 대하는 사람들의 본심이었을 것입니다. 물론 그렇지 않은 사람들도 있었지만요!

27

'좋은'
전쟁이라고?

1941년 12월 7일, 일제가 하와이 진주만을 기습하면서 아시아 태평양 전쟁이 시작되었습니다. 일제는 영국, 미국으로 대변되는 서양 제국주의를 '귀축', 즉 마귀와 짐승이라고 표현했어요. 전쟁의 목적은 귀축과 싸워서 아시아 민족을 해방시키는 것으로 포장되었습니다. 그래서 '성전(聖戰)'이라는 표현이 참 많이 사용되었어요.

 〈아세아의 합창〉이란 제목의 노래가 있습니다. 1942년 11월, 오케 레코드에서 발매했어요. 1절 노랫말을 한번 읊어 볼까요?

우리들의 마음이 화살이 되고 우리들의 가슴이 방패가 되어
싸우자 싸워 싸우자 싸워 대동아의 꽃밭에 열매가 열릴 때
노래하자 춤추자

그러니까 힘을 합쳐 싸우면 대동아에 좋은 일이 생길 테니 함께 기뻐하자는 내용이네요. 대동아를 위해 전쟁에 기꺼이 참여하자는 메시지를 담고 있죠. 이 노래를 부른 가수는 김정구입니다. 1938년에는 〈눈물 젖은 두만강〉을 부르기도 했죠. '흘러간 그 옛날에 내 님을 싣고 / 떠나간 그 배는 어디로 갔소'라며 독립투사를 그리던 가수가 과연 1942년에는 어떤 느낌으로 이 노래를 불렀을지, 짐작하기 참 어렵습니다.

이 노래의 키워드는 '대동아'입니다. 전쟁에 관심을 갖는 연

구자들은 1940년대에 자리 잡은 '대동아 공영권'이라는 말에 주목해요. 그때 일본은 서양 제국주의 국가와 싸우는 것을 대동아 전쟁이라 불렀습니다. 대동아가 무엇인지 정의하기는 어려워요. 하지만 전쟁을 미화하기 위해 사용했다는 건 대충이나마 느낌이 올 겁니다. 보통 일본을 중심으로 만주국, 중국 동남부, 대만 등을 모두 포함하는 지역을 가리키죠. 1942년 여름은 그 절정이었어요. 대동아는 사할린, 필리핀, 인도네시아, 베트남, 말레이시아, 싱가포르, 캄보디아, 미얀마, 파푸아 뉴기니까지를 포함했거든요. 그러나 우리가 이미 알고 있는 것처럼 1945년 8월, 대동아는 공식적인 마침표를 찍게 됩니다.

"좋은 전쟁이라며 총력전을 펼친 일제"

황국 신민에 대해 이야기할 때, 우리의 일상이 전쟁을 위해 존재했다는 말을 한 적이 있었습니다. 사실 이것이 가능했던 이유는 이 전쟁이 '좋은' 전쟁으로 선전되었기 때문이었어요. '전쟁이 좋을 수 있을까?'라는 당연한 의문이 그때는 나오기 어려웠습니다. 1941년 12월 8일, 일본의 선전 포고를 보고 '상쾌한 기분'이 들었다는 일본 지식인도 있었으니까요. 자기보다 약한 상대가 아닌 서양 제국주의 국가와 싸운다는 것에 의의를 찾은 셈이죠. 그래서 영국, 네덜란드, 프랑스, 미국의 식민지인 동남아시아를 침략하는 것이 곧 이 지역의 해방이라는 논리가 나올 수 있었습니다.

이렇게 '좋은' 전쟁을 승리로 이끌어야 한다는 생각은 넓게 퍼졌습니다. 승리를 위해서는 무엇이 필요할까요? 일단 전쟁에는 막대한 돈이 필요합니다. 그리고 사람도 있어야 하죠. 아니, 그냥 모든 게 필요합니다. 이처럼 모든 힘을 기울이는 전쟁을 '총력전'이라고 해요. 그래서 일본 본토, 조선을 비롯한 식민지와 일본의 새로운 점령지, 바로 대동아 전역은 총력전을 위한 병참(전쟁에 필요한 인원과 물자를 보급하고 지원하는 일)이 되어야 했습니다. 1937년 중일 전쟁 이후 공포된 '국가 총동원법'은 마치 예상이라도 한 것처럼 제국 전체에서 인력과 물자를 법적으로 가져갈 수 있게 해주었죠.

이 시기 사람들에게는 전쟁이 너무 익숙했을지 모릅니다. '전쟁은 좋은 것'이라는 소리를 하도 많이 듣기도 했고, 1931년의 만주 사변 이후 중일 전쟁에서 아시아 태평양 전쟁으로 넘어가는 흐름도 굉장히 자연스러웠으니까요. 전쟁으로 이득을 보거나 생활 반경이 넓어진 측면도 있었습니다. 노동자, 병사, 심지어 '위안부'로 끌려 다니는 삶도 있었지만, 전쟁에 적응하고 체념하는 삶도 있었습니다. 어떤 이는 전쟁을 지지하기도 했고요.

연구자들은 공통적으로 1942년 6월, 미드웨이 해전의 대패를 기점으로 일제가 전쟁에서 승리할 가능성은 사라졌다고 이야기해요. 전쟁의 진짜 모습은 패배의 연속이었지만, 이 소식은 사람들에게 알려지지 않았어요. 일제의 패배를 바라는 민중들의 바람은 유언비어처럼 취급되었습니다. 그 와중에 계속된 항일은 철저하게 진압되었고, '좀 배운 사람'들은 '성전에 참여해 보람 있게 죽자!'고 외쳤어요. 많은 사람들이 전쟁의 소용돌이에 휘말렸습니다. 하지만 이런 현실에서 무엇을 느끼는가는 스스로의 삶을 책임지는 문제이기도 합니다. 그래야 소용돌이 속에서도 자기 자신을 지킬 수가 있을 테니까요.

28

조선인 남성은 왜 군대에 가게 되었을까?

2018년, 헌법 재판소가 양심적 병역 거부에 대한 대체 복무제를 도입해야 한다는 판결을 내렸습니다. 이 판결을 둘러싸고 '비양심적이다'라며 여전히 이해할 수 없다는 여론도 많았죠. 그만큼 우리나라 사람들에게 병역은 '신성한' 의무로 인식되고 있습니다. 그런데 병역의 의무가 처음부터 신성한 것이었을까요?

1933년 3월, 인천의 어느 공사장에서 있었던 일입니다. 이때는 마침 일본 관동군이 중국의 러허성을 점령한 직후였습니다. 일제는 1931년 만주사변을 일으키고 이듬해 만주국을 세웠어요. 그리고 관동군은 만주국의 확장을 위해 중국 곳곳을 침략했어요. 러허성 점령도 그 일환이었죠.

어쨌든 혈기 넘치던 어느 공사장의 남성들이 관동군의 러허성 점령을 소재로 이야기를 나눕니다. 이 자리에서 어느 조선인과 일본인은 이런 대화를 했습니다.

조선인 조선인도 군대에 징집될까?

일본인 나라를 잃은 조선인에게 전쟁이 가당키나 해?

조선인 조선인이라고 모두 바보가 아니야. 만약 내가 군인이 돼서 전쟁터에 나간다면 결코 당신에게 뒤지지 않아.

사실 조선인의 질문은 단순한 호기심의 발로였을지 모릅니다. 그런데 '나라도 없는 조선인'은 '군인이 될 자격이 없다'는 뜻을 담은 일본인의 반문에는 발끈하고 말죠. 이 장면은 국가와 국민, 그리고 군대의 관계를 조금이나마 생각하게 해 줍니다.

조선인이 '징집될까'를 궁금해한 군대는 일본의 군대였지만, 이 사실은 중요하게 받아들여지지 않았을 것입니다. 일제가 조선인도 군대에 보내야 하지 않을까를 고민하기 시작한 건 1931년 만주 사변 때부터였다고 알려져 있어요. 하지만 결론은 언제나 '시기상조'였죠. 통치하는 내내 '조선인과 일본인은 같다'고 외쳤지만, 실제로는 그렇지 않다는 걸 일제는 잘 알고 있었거든요. 일본 천황을 위해 죽지는 않을 테니까 사실 조선인은 제국의 병사가 될 '자격'이 없었죠. 참고로 조선 총독부는 1960년이 되면 조선인을 징병할 수 있을 것이라 봤어요. 그나마 이때가 되어야 청년들의 78퍼센트 정도가 '국어(일본어)'에 능수능란해질 것이라 예상했기 때문입니다. 징병제가 실시된 게 1944년이었으니 예상보다 훨씬 앞당겨진 거예요. 그만큼 전쟁이 급박했다는 이야기이기도 하고요.

중일 전쟁은 일제로 하여금 이전과 다른 차원의 고민을 하도록 만들었어요. 병사가 필요했습니다! 1938년 2월에 '육군 특별지원병령'이 공포되고, 4월 3일부터 육군 특별 지원병 제도가 시행되었어요. "조선인도 국가의 역사적 전진에 수반하는 모든 책임을 부담해야 할 권리를 가져야 한다."면서 말입니다. 뭔가 이상하지 않나요? '책임을 부담해야 할 권리'라니요! 그러니까 '병역

의무'가 권리라는 뜻인데, 이 말 자체가 모순임을 알아차리는 게 무엇보다 중요합니다. 원래부터 모순이었으니 그만큼 삐걱거리는 일도 많을 수밖에 없었습니다. 이 부분은 한국의 징병제를 생각할 때 중요한 논점이 되지 않을까요?

"조선인이 스스로 지원할 거라고 일제는 착각했어"

일제는 조선인이 많이 지원할 거라고 생각했었나 봐요. 징병제가 실시되기 직전까지 지원병은 17,664명에 이르렀습니다. 관점에 따라 적을 수도 있고 많을 수도 있지만, 지원이 완전히 자발적이지는 않았다는 점은 짚고 넘어가야 합니다. 일제는 지원을 '천황의 부르심'이라고 했어요. '천황이 부르시는데 당연히 응해야지!' 이런 식의 압박이 많았죠. 시간이 지날수록 경찰이 개입했습니다. 가족들을 협박해서 지원하도록 유도하거나 대리로 지원하는 형태도 많아졌습니다. 그래서 학생들은 사실상의 징병으로 받아들이는 경우가 많았어요. 자연스럽게 여러 방식의 '병역 거부'가 성행했습니다.

자발적인 지원은 생각만큼 넘치지 않았고, 전황은 날이 갈수록 불리해졌습니다. 이 상황에서 징병제는 마지막 남은 카드였어요. 아직 완벽히 일본인이 되지 않은 조선인에게 병역의 의무를 준다는 건 '위험하지만 어쩔 수 없는 일'이었습니다. 징병 검사는 1944년 4월부터 8월, 그리고 1945년 1월부터 5월에 걸쳐 이루어집니다. 검사를 받은 청년들은 영장을 받고 입대를 했어요.

당시 어떤 조선인 지식인은 이런 말을 한 적이 있어요. "세상에 병정이 되는 것처럼 국가에 봉사하는 길은 없다."고요. 이 말을 한 게 1936년이었으니까 아직 지원병 제도도 없었을 때 스스로 징병을 요구했다는 겁니다. 하지만 분명한 건 징병이 식민지 유산으로 받아들여졌던 때가 있었다는 것입니다. 역사는 병역이 결코 처음부터 '신성한 의무'가 아니었음을 말해 주고 있어요. 이런 역사는 현재와 미래의 우리에게 과연 어떤 의미를 줄까요?

조선인 이학래는 왜 전범이 되었을까?

'전범'은 '전쟁 범죄'를 저지른 사람을 말합니다. 제2차 세계 대전이 끝나자 전쟁이 벌어진 각국에서 전범 재판이 열렸어요. 전쟁을 직접 계획하고 수행한 일본인은 죄의 내용에 따라 A·B·C급 전범으로 판정받았습니다. 그런데 조선인 중에서도 전범이 된 이들이 있었어요. 전범이면서 운 좋게 살아남은 사람들은 지금 어떻게 살고 있을까요?

 1942년 봄, 열일곱 살 청년 이학래는 전남 보성 군청에서 '포로수용소 감시원' 면접을 보았습니다. 면접 때 받은 질문이 "싱가포르는 언제 함락되었는가?" 등이었다고 해요. 70~80명이 면접을 보았는데 합격자는 30명이었습니다. 청년은 면사무소에서 면접을 '권유'받았어요. 아버지와 상의하니 '병역도 면제되고, 어차피 어딘가는 가야 하니까 어쩔 수 없다'고 했죠. 기초 훈련을 받기 위해 부산의 노구치 부대에 입대했습니다. 이곳에서의 훈련이 끝나면 '남방'으로 파견되는 것이었습니다. 2년이 약속되어 있었어요. 딱 2년.

이학래는 '잠깐 다녀올까?' 하는 가벼운 마음으로 갔습니다. 하지만 훈련을 받다 보니 이런 기분은 사라졌어요. 맞지 않는 날이 하루도 없었습니다. 포로를 대하는 방법은 아예 배우지도 못했어요. 날마다 "살아서 포로의 치욕을 당하지 말고, 죽어서 오명을 남기지 말라."는 '전진훈'을 외웠습니다. 『원피스』란 만화에도 비슷한 대사가 나오죠? 해군 대장 아카이누가 도망치는 병사에게 이렇게 말하잖아요. "살아남는 치욕을 당하지 마라." 전쟁터의 가르침이 기꺼이 죽는 것이라면, 포로는요? 살았다는 것 자체가 잘못인 셈입니다.

당시 일본군에게 연합국 포로들은 꼭 필요한 노동력이었습니다. 물자와 사람을 전쟁터로 옮기려면 철도가 필요했고, 포로들을 철도 공사에 동원하는 건 자연스러웠어요. 어차피 치욕스러운 존재니까 막 대하는 거죠. 그때 부설된 철도가 지금도 있습니다. 포로들이 공사 중에 많이 죽어서 '죽음의 철로'라 불리던 타이·미얀마 철도도 그중 하나죠. 이학래는 이 공사에 동원된 포로들을 감시했습니다. 그는 좋은 의미에서든 나쁜 의미에서든 '착실'하게 일했어요. 자기보다 덩치가 큰 백인 남성에게 '기가 꺾이면 안 된다'고 마음을 다잡으며, 일부러 거칠게 굴었습니다. 포로들은 이학래를 '도마뱀'이라고 불렀어요. 여기저기에서 나타났으니까요.

전쟁이 끝나자 일본군과 포로의 관계는 완전히 역전되었습니다. 다만 포로 감시원들은 스스로가 가해자라고 생각하지 못했어요. 사람을 죽인 적도 없고, 군인도 아니고, 일본인도 아니고, 하물며 조국도 해방되었으니까요. 그들은 고향에 돌아가기만 손꼽아 바랐죠. 하지만 포로들에게 포로 감시원은 가해자였습니다.

이학래도 전범 재판을 받게 됩니다. 싱가포르에서 한 번 석방되지만, 늘 불안했습니다. 귀환하는 배에는 '푸른 눈의 사람'이 없어 마음이 편했다고 해요. 하지만 잠시 정박 중이던 홍콩에서 호주 군의관 에드워드 던롭에게 가해자로 지목을 당합니다. 그리고 교수형 언도. '병역을 피할 수도 있으니까 가벼운 마음으로 갔다 오자' 했는데, 이제 차디찬 형무소에서 죽음만 기다리는 신세가 되었습니다. 1947년 3월의 일입니다.

"풀려난 이학래, 조선인 전범의 명예를 위해 싸우다"

이 절망감은 상상조차 할 수 없을 겁니다. 이학래는 동료들의 사형을 목도하며 자기 차례를 기다렸어요. 같은 해 11월, 천운을 얻어 20년으로 감형을 받았고, 1951년에는 일본의 스가모 형무소로 이감되었습니다. 절망감이 컸던 만큼 삶의 의지도 커졌습니다. 이 짧은 글에 그의 인생을 전부 소개하는 건 어려울 테죠. 그래도 한 가지 확실한 건 있어요. 이학래는 새로운 삶을 어떻게 보내야 할지 깊게 고민했습니다. 1956년 10월에 가석방되어 일본에 정착했어요. 그리고 자신과 같은 처지의 '조선인'들과 함께 '조선인 전범'의 명예를 회복하기 위한 운동을 시작합니다.

전범 재판은 식민지라는 변수를 전혀 고려하지 않았습니다. 판사와 검사는 조선인 포로 감시원이 '일본 국민'이기 때문에 전범으로 판단했죠. 하지만 일본 정부는 이학래 등이 '조선인'이라며 보상 책임을 회피합니다. 뭔가 부조리하잖아요? 그들은 일본 정부에 책임을 묻는 활동을 활발하게 전개했습니다.

그리고 '가해자'라는 사실과도 마주했어요. 1991년, 이학래는 호주에 가서 에드워드 던롭을 만나 사죄했고, 던롭도 용서합니다. 던롭은 '사형을 선고받은 줄은 몰랐다'며 오히려 미안해하기도 했죠. 가해자와 피해자로 만날 수밖에 없었던 시대적 한계를, 둘은 다행히 이해하고 있었습니다.

148명의 조선인 전범 중에 129명이 포로 감시원이었습니다. 누구는 사형을 당했고, 누구는 정신 병원에서 생을 마감했습니다. 사형수 시절 이학래는 임영준이란 동료에게 부탁을 하나 받아요. "만약 감형되어 나가면 내가 그렇게 나쁜 인간이 아니었다는 걸 알려 달라."고요. 살아남은 자들은 이 말대로 죽은 자들을 위해 살았습니다. 그게 자기 자신을 위하는 길이기도 했으니까요.

이학래는 아흔이 넘은 노인이 되었습니다. 자기가 짊어진 역사적 책임을 회피하지 않은 채 말입니다.

30

송신도 할머니는
왜 기차에서
뛰어내렸을까?

2017년 12월 16일, 일본에 살던 송신도 할머니가 작고했습니다. 할머니는 열일곱 살이던 1938년에 중국으로 끌려가 일본군 '위안부' 생활을 강요받았죠. '위안부'로 살던 지옥 같은 시간 동안 할머니는 정말 필사적으로 살기 위해 노력했다고 합니다. 하지만 해방 직후 기차에서 뛰어내려 자살을 시도해요. 할머니는 왜 '위안부'에서 벗어난 뒤에 목숨을 버리려고 했던 걸까요?

 전쟁이 끝났을 때 송신도 할머니는 중국 셴닝의 한 위안소에 있었습니다. 앞으로 어떻게 살아야 할지 막막하기만 했죠. 평소에 위안소를 찾아오던 한 군인이 '일본에 가서 결혼하자'고 했어요. 중국도, 일본도, 심지어는 조선도 모두 낯설기만 한 타지였습니다. 누군가에게 기댈 수밖에 없었던 할머니는 군인을 따라 갑니다. 할머니는 군인에게 계속 맞고 성폭력을 당했지만 필사적으로 매달렸어요. 1946년 여름, 일본에 도착하자 군인은 할머니를 버렸습니다. 그녀가 삶을 포기하고 기차에서 뛰어내린 건 그 직후였어요.

송신도 할머니는 1922년 11월, 충남 논산에서 태어났습니다. 1938년에 어머니가 시집을 보내 버렸는데, 어린 나이의 그녀에게 남편은 낯설고 무서운 존재였어요. 혼례 당일에 도망친 할머니에게 어떤 조선인 여자가 이런 말을 합니다. "전쟁터에 가면 결혼하지 않아도 된다." 할머니는 이 말에 속았습니다. 결국 중국 우창에 있는 '세계관'이란 위안소에 도착하고, 전쟁이 끝날 때까지 이곳저곳의 위안소에 끌려 다녀요. 지옥 같았던 위안소 생활을 할머니는 필사적으로 버텼습니다. 그녀는 죽지도 못하는 자기 자신을 '더러운 생명'이라고 표현하기도 했어요. 이렇게 지켜 낸 목숨을 '위안부'에서 벗어나자마자 끊어 버리려 한 겁니다. 이 상황을 우리는 어떻게 이해해야 할까요?

조금씩 접근해 봅시다. 일단 일제의 '위안부' 동원부터요. 전쟁이 길어질수록 일제의 수탈은 매우 심해졌습니다. 물자와 인력뿐만이 아니라 심지어 여성의 성(性)도 동원했어요. '위안부'는 그 결정적인 증거인데, 할머니들이 자발적으로 간 것이라며 억지를 부리는 사람들도 있습니다. 하지만 당시 일본 정부와 일본군이 '위안부'를 동원했다는 사실을 부정할 방법은 전혀 없습니다. 일본군이 주둔한 모든 곳에 위안소와 '위안부'가 있었고, 이를 뒷받침하는 증거들은 차고도 넘치니까요.

연구자들은 일본군이 병사들의 폭력성을 '조절'하기 위해 '위안부' 제도를 필요로 했다고 분석합니다. 어쩔 때는 폭력성을 높이고, 어쩔 때는 낮출 필요가 있었다는 거죠. 예를 들어 병사들이 수시로 점령지의 민간인을 강간한다면 어떻게 될까요? 점령지에서 일본군에 대한 반감이 높아지므로 치안이 매우 불안정해질 것입니다. 또는 병사들이 성병에 걸리면요? 성병은 치료에 오랜 시간이 걸리니 군대의 전투력을 낮추는 요인이 됩니다. 그래서 점령지의 치안과 병사의 전투력을 유지하기 위해 여성들을 병사들에게 '제공'해야 한다는 논리가 나왔던 것입니다. 결국 '남성의 죽음을 위해 여성의 위안이 필요하다'는 거잖아요? 참 섬뜩한 이야기입니다.

공창제 역시 '위안부' 제도의 중요한 배경이었습니다. '공창'은 국가가 관리하는 '성매매'입니다. 일본에서 식민지 조선으로 유입되었어요. 시간이 흐를수록 '성매매'는 사회에 깊게 뿌리내려요. 남성의 성욕이 돈벌이가 되고, 이게 범죄가 아니라는 인식이 퍼지는 거죠. 이렇게 되면서 '사창'을 만드는 업자들도 많이 생기게 됩니다. 일본군은 공창과 사창을 이용하려 했어요. 업자들은 군대의 관리와 통제를 받으면서 여성들을 데리고 전쟁터로 갔습니다. 그냥 돈을 벌려고요.

"절망을 이겨 내고 일본을 상대로 싸우다"

다시 말해 '위안부' 할머니들은 성폭력이 범죄인지도 모르는 자들에게 둘러싸여 있었던 셈입니다. 살아남으려면 그들에게 기댈 수밖에 없었어요. 송신도 할머니도 그랬습니다. 가해자에게 기대며 살아왔는데, 갑자기 군인으로부터 버림받았다는 것은 더 이상 살 방도가 사라졌다는 뜻이었어요. 기차에서 뛰어내릴 때의 절망감을 우리는 쉽게 상상할 수 없을 것입니다.

하지만 송신도 할머니는 절망을 이겨 냈습니다. 1993년부터 일본 정부를 상대로 벌인 재판은 많은 사람들에게 용기를 주었어요. 재판은 결국 졌지만, "나의 마음은 지지 않았다!"면서 누구보다 당당했습니다. 사실 이 당당함이야말로 가장 중요한 키워드입니다. '성폭력이 범죄인지 모르는 사회'를 바꿀 수 있는 가장 단단한 열쇠이기 때문이죠. 지금도 성폭력을 당하면 피해자가 아니라 죄인으로 취급하는 분위기가 있잖아요? 옛날에는 더 심했어요. '위안부' 할머니들도 꽤 오랫동안 자기의 과거를 숨기고 살았습니다.

할머니들의 증언과 운동은 한국과 일본, 그리고 전 세계의 사람들에게 큰 감동을 주었습니다. 이 유산을 잘 계승해서 우리가 함께 좋은 사회를 만들어 가면 좋겠어요.

6장

일제 강점기의 생활과 문화

쇠 말 뚝은
진짜
있었을까?

한때 일제가 한반도 곳곳에 쇠말뚝을 박았다는 소문이 돌았습니다. '일제 단맥설'이라고 하는데, 조선 총독부가 한반도의 명당에 쇠말뚝을 박고 우리 '민족의 정기'를 끊어버리려고 했다는 이야기입니다. 좀 주술적이지만 여전히 적지 않은 사람들에게는 사실로 받아들여지고 있는 것 같아요.

 경상북도 청도군에 가면 주구산이 있습니다. 산길을 걷다 보면 비석을 하나볼 수 있는데, '광복 50주년 기념 쇠말뚝 뽑은 곳'이라고 새겨져 있어요. 1995년 2월 14일에 이곳에서 쇠말뚝을 뽑았다는 거죠. 당시 신문 기사를 보니 '지름 4센티미터에 길이 1미터가량으로, 뽑는 데 1시간 30여 분이 걸렸다'고 하네요. '일제가 용의 코에 해당하는 지점에 쇠말뚝을 박아 인재가 나는 것을 막으려 했다'는 전문가의 설명도 있습니다. 쇠말뚝을 뽑아 혈맥이 뚫리면 인재가 나타날 것이라고 생각한 걸까요? 쇠말뚝 뽑기는 너무나 진지한 사업이었어요. 그런데 이 행위가 '광복 50주년을 어떻게 기념할까'를 고민하며 이루어졌다는 점을 생각해 봐야 합니다. 이것은 무엇을 의미하는 것일까요?

쇠말뚝은 왜 이슈가 되었을까요? '일제 단맥설'은 1984년 즈음 등장했습니다. 어느 단체가 '한반도에 박힌 365개의 쇠말뚝 중에 북한산 정상에서 27개를 뽑았다'는 이야기가 이 무렵 나오거든요. 하지만 일반에 곧바로 알려진 건 아니었습니다. 언론 보도

도 없었고요. 그러니까 처음에는 이슈가 아니었다는 거죠. 1990
년대가 되어야 일제 - 쇠말뚝 - 민족정기가 연결됩니다. 그리고
이 문제는 조선 총독부 건물의 해체를 둘러싼 논쟁과 정확하게 맞
물려요. 총독부 건물은 경복궁 안에 있었잖아요? 그 건물 자체가
민족정기를 끊은 거대한 쇠말뚝이라는 거죠.

"쇠말뚝 제거 사업은 과거를 기억하는 잘못된 방식"

쇠말뚝 뽑기는 범국민적인 관심사로 발전합니다. 정부도 숟
가락을 얹습니다. 1993년 들어선 김영삼 정부는 스스로를 뽐낼
계기가 필요했어요. 마침 1995년은 '광복 50주년'이었으니 이것
만큼 좋은 기회도 없었겠죠. '역사 바로 세우기'라는 슬로건 아래
쇠말뚝 제거는 국책 사업이 됩니다. 전국의 쇠말뚝을 제거하고 8
월 15일 광복절에 가장 중요한 쇠말뚝인 조선 총독부를 제거하는
것, 이게 바로 정부가 그린 최상의 시나리오였습니다. 이 시나리
오는 충실하게 지켜져요. 그해 3·1절 기념식에서 총독부 건물의
철거가 '선포'되었고, 광복 50주년 기념식 때 총독부 첨탑이 철거
되었습니다. 참고로 이 첨탑은 지금 천안 독립 기념관에 있어요.

쇠말뚝 제거는 커다란 국책 사업이었지만 사실 '민족정기를
끊은 일제의 쇠말뚝'은 존재하지 않는다고 봐야 합니다. 이를테면

철도나 도로를 부설하기 위해서는 측량을 해야 하는데, 그 표시로 쇠말뚝을 박는 경우는 있었겠죠. 또는 일종의 이정표였을 수도 있고요. 하지만 한민족의 정기를 끊기 위한 목적으로 박힌 쇠말뚝은 없었어요. 어느 곳에서는 출처를 알 수 없는 쇠말뚝을 두고 표결을 붙이기도 했대요. 다수결로 일제의 쇠말뚝이 되어 버린 거죠. 나중에 해방 이후의 것으로 밝혀진 경우도 부지기수였습니다.

식민지를 기억한다는 건 무엇일까요? 쇠말뚝은 이런 질문을 하는 것 같아요. 식민지 경험을 기억해야 하는 것은 무척 중요하지만, 어떤 방식으로 기억할지도 그에 못지않게 중요합니다. 이런 의미에서 얼마 전 화제가 된 『반일 종족주의』란 책은 크게 비판받아야 마땅해요. '식민지에 대해 한국인들이 거짓말을 한다'고 주장하면서 결국 기억 그 자체를 부정하니까요. '식민지를 기억하는 것'과 그 방식을 떼어 놓고 고민해서는 안 됩니다.

32

조선에서
일본인들은
어떻게 살았을까?

식민지 조선에는 적지 않은 일본인들이 살았습니다. 재조 일본인이라고 불러요. 일본에서 건너오기도 했고, 식민지 조선에서 태어나기도 했습니다. 1945년에는 70만 명 이상의 재조 일본인들이 있었어요. 일본으로 돌아간 그들은 조선을 많이 그리워했습니다. 이들에게 조선은 타향이기도 하지만 고향의 모습을 띠기도 했어요. 이 말은 무슨 의미일까요?

 『엄마의 게이죠, 나의 서울』이란 책이 있어요. '게이죠'는 식민지 때 서울의 이름인 경성을 일본어로 발음한 것입니다. 이 책의 주인공은 저자의 엄마, 요시오카 마리코입니다. 마리코는 1925년 7월, 경성 평동정에 있던 적십자 병원에서 태어났습니다. '평동정'은 지금의 종로구 평동이고요, 그 자리에 서울 적십자 병원이 그대로 있어요. 마리코는 항상 경성을 그리워했다고 해요. "게이죠의 하늘은 이렇지 않았어. 훨씬 더 높고 더 파랬지.", "그곳은 좋았어. 섬나라 근성으로 가득 찬 이런 좀스러운 일본에는 정말 돌아오고 싶지 않았어." 이렇게 말하면서요.

마리코는 20년을 조선에서 살았습니다. 그리고 1945년 11월, 일본으로 갑니다. 마리코에게는 파릇한 청소년 시절을 보낸 경성이 고향일 겁니다. 하지만 어떤 면에서는 고향이어서는 안 되기도 했죠. 간단한 문제는 아니에요. 마리코는 조선에서 태어났지만, 재조 일본인 중에는 대체로 일본의 야마구치나 후쿠오카, 나가사키, 구마모토에서 태어난 사람들이 더 많았습니다. 1930년의 통계를 보면 총 52만 명의 재조 일본인 중에 30퍼센트, 그러니까 15만 명이 조선에서 태어났어요. 어쨌든 재조 일본인의 숫자는 점점 늘어납니다. 1876년에는 겨우 54명이었지만, 1910년에는 17만 명, 1920년에는 35만 명이 되었어요. 1945년에는 72만 명이고요. 그들은 서로 뭉치고 의지하며 사회를 이루었어요.

"재조 일본인에게 조선은 아름다운 배경이었을 뿐"

식민지 조선에서 재조 일본인 사회는 그 자체로 기득권이었습니다. 그들이 조선을 지배하고 있다는 건 강력한 사실이었으니까요. 하지만 조선인과의 접촉은 필수적이지 않았습니다. 조선인과 굳이 섞이지 않으려 했다고 표현하는 게 좀 더 맞을 것 같아요. 같은 도시 안에서 조선인과 일본인의 거주지는 선명히 분리되어 있었습니다. 뭐랄까, 일종의 풍경이랄까요? 앞서 백화점을 이야기할 때도 비슷한 이야기를 잠깐 했는데, 재조 일본인의 일상은 조선인이라는 '풍경'을 등에 두고 이루어졌어요. 저 마리코가 떠올린 기억에 조선인이 거의 없는 이유도 이 때문일 거예요. 그러니까 그냥 뒤에 깔리는 배경 음악이었던 거죠.

재조 일본인들은 대부분 통치에 직접 복무한 관료나 정치가, 군인이 아니었습니다. 학교에 다니고, 회사에 다니고, 장사를 하는 '선량한' 민간인이었어요. 이들이 조선을 그리워하는 것은 문자 그대로 선량함 그 이상도 이하도 아닐 겁니다. 게다가 일본으로 귀환했을 때 받은 본토 일본인들의 조롱과 멸시도 조선에 대한 그리움을 증폭시켰을 거예요. 재조 일본인은 '고향'을 잘 기억하고 있다고 생각했습니다. 그래서 한국인들이 식민지에 대한 일본의 사죄를 요구할 때 좀 의아하게 여겼다고 해요. 자신의 기억에서 조선은 아름다웠을 뿐이니까요.

마리코는 1990년에 서울을 방문했습니다. 그리고 탑골 공원에서 한 노인에게 3·1 운동 이야기를 처음(!) 들었습니다! 늘 평화롭고 아름다웠던 경성에서 이런 엄청난 운동이 일어났을 거라고 상상하지 못했죠. 이야기를 들으면서 '얼굴이 점점 굳어져 갔'던 마리코에게 과연 고향에 대한 기억은 어떻게 변했을까요? 선량한 마리코는 무엇을, 왜 보지 못한 걸까요? 이 질문은 우리에게도 무척 중요합니다. 여러분이나 저도 선량한 사람들이고, 우리의 선량함도 어떤 존재를 배경 음악 삼아 유지되고 있을지 모르기 때문입니다. 배경 음악을 등장인물로 인식하려면 무엇을 어떻게 해야 할지 생각해 보는 것도 좋을 것 같습니다.

33

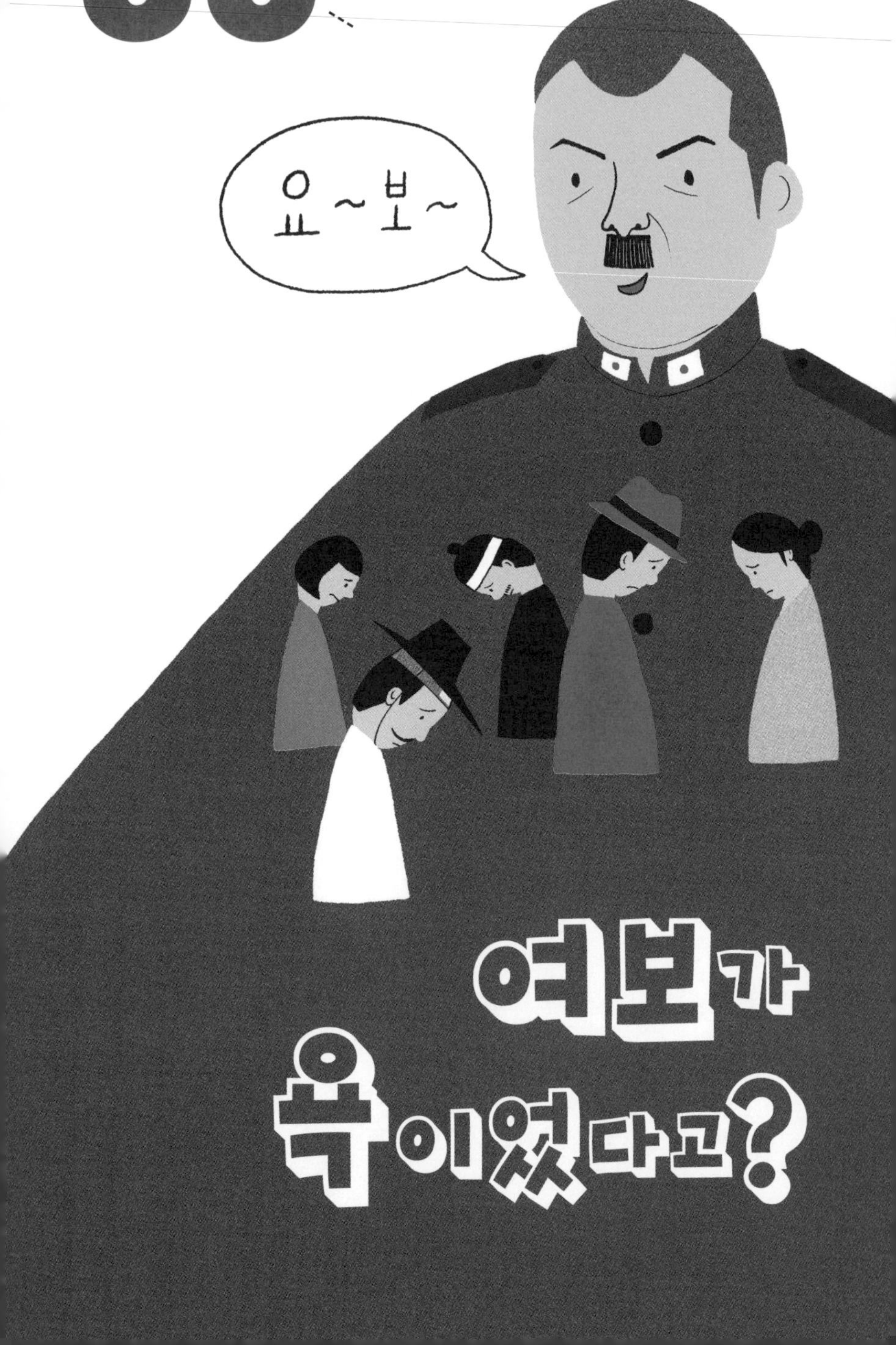

여보가 욕이었다고?

개그맨 김국진을 잘 알죠? 지금도 그렇지만 1990년대 중후반에는 정말 인기가 많았습니다. 장난스러운 말투의 "여보세요?"는 당시 한국 사회의 가장 핫한 유행어였어요. 그런데 우리가 누군가를 부를 때 일상적으로 쓰는 '여보'가 식민지 조선에서는 욕처럼 사용된 말이었다는 걸 알고 있나요?

? 1929년 11월 30일, 경성 내자동에 사는 조대감이란 사람이 〈동아일보〉에 질문을 하나 했습니다. '일본 사람들이 조선 사람을 보고 '요보'라고 하는데, 무슨 의미입니까?' 〈동아일보〉는 이렇게 답변합니다. '이러한 창피하고 구역질 나고 한심한 말의 의미는 모르시는 것이 차라리 속 편하실 것 같습니다.' 전차 안에서 일본인이 조선인을 향해 "어이, 요보!"라고 하는 것은 "비켜!"라는 뜻이었다는 분석도 있죠. 조선인들이 요보를 모욕적인 호칭으로 받아들였음은 분명한 것 같습니다.

요보 때문에 조선인이 수치스러워하고 억울해한 사례를 찾는 건 그다지 어렵지 않습니다. 너무나 일상적이었고, 조선인은 이런 말을 들을 때마다 '차별을 당하고 있다'는 사실을 실감했어요. 3·1 운동 직후 정무총감으로 조선에 온 미즈노 렌타로는 조선어를 배우려는데 "요보라는 개소리는 행여나 배우지 말라."는 충고를 듣기도 했대요. 아마 그는 3·1 운동 직후이니만큼 조선인을 최대한 자극하지 않으려 했을 겁니다. 하지만 요보는 너무나 익숙하게 쓰였습니다. 일화를 몇 개 나열해 볼까요?

경성에서 고물상을 하는 이명창(가명)은 어느 일본인과 친하게 지내는 사이였습니다. 편하게 편지를 주고받았으니까요. 그런데 일본인은 '조선인에게는 이름이 없으니까' 언제나 '고물상 요보'라고 적어 보냈습니다. 부산에 사는 이완상(가명)은 일본인이 운영하는 이발소에서 머리를 깎았습니다. 이발소 주인은 이완상이 조선인이라는 걸 알자마자 "요보는 일본어를 조금만 알면 정말 건방지다!"며 욕을 했어요. 강원도 철원의 어느 극장에서 영화 상영회가 열렸는데 "요보는 공짜라면 싸울 기세로 덤벼든다"며 조선인을 내쫓았고요. 자동차 운전수가 조선인 승객만 타면 "요보니까 바보!"라는 말을 대놓고 한다는 불만도 많았습니다. 조선인=요보라는 낙인은 조선인의 일상 전체에 찍혀 있었던 것입니다.

"비하하는 말을 자꾸 듣다 보면 차별을 당연하게 받아들여"

이 말에는 큰 효과가 있었습니다. 조선인은 이 말을 들을 때마다 격렬하게 따지기도 하고, 속으로 삭이기도 했어요. 그러다가 일종의 '자괴감'을 느끼기 시작합니다. 최근의 한 연구는 조선인의 모든 행동이 '요보스러움'으로 둔갑하다 보니 조선인이 스스로를 경멸하게 되었다고 분석하기도 해요. 예를 들어 1920년대 물산 장려 운동이 흐지부지되었을 때 "요보가 다 그렇지"라며 스스로를 비웃었다는 거죠. 이상하고 건방지고 어설프고 끈기 없고 이렇고 저렇고……. 조선인의 모든 행동은 조선인이 요보이기 때문이라면서 차별은 당연한 것이 됩니다. 조선인들이 어떻게 식민지를 '극복'해 왔는지 알고 싶다면, "조선인들은 어떻게 이런 자괴감을 이겨 냈을까?"라는 질문을 먼저 하는 게 좋을지도 모르겠네요.

자괴감은 자존감을 높여야 이겨 낼 수 있습니다. 소설가 이광수가 1926년에 신문에 연재한 「천안기」에는 경성역에서 '2등석 차표'를 끊은 조선인 주인공의 일화가 나와요. 소설 속의 승무원이나 일본인 승객은 요보가 2등석 차표를 끊었으리라고 상상조차 하지 못합니다. 그래서 주인공은 당당하게 자기 자리를 요구하지 못하죠. 아마 자신의 경험담이 아닐까 해요. 이후에 이광수는 일제의 통치에 협력하는 방식으로 자존감을 높이려고 했습니다.

하지만 우리가 이렇게 할 필요는 없습니다. 강해져야 모욕을 당하지 않는다는 생각은 강해지면 누군가를 모욕해도 된다는 식으로 변질되거든요. 얼마 전 예멘 난민을 향해 우리가 그랬던 것처럼 말이죠. 식민지를 극복하는 것=강해지는 것이라면 우리도 누군가에게는 '극복의 대상'이 될 수밖에 없을 겁니다. 별로 좋은 장면은 아니군요.

34

박람회에
사람들을
동원했다고?

'백문불여일견'이라는 한자 성어를 알고 있나요? 남한테 여러 번 듣는 것보다 한 번이라도 직접 경험해 보면 확실히 알 수 있다는 뜻이에요. 1929년 9월에 개막된 조선 박람회는 이 한자 성어를 슬로건으로 썼습니다. 그러니까 조선 총독부는 많은 조선인들이 박람회를 직접 보기를 원했다는 것이죠. 그들은 조선인들이 무엇을 보기를 바란 것일까요?

1929년 어느 날, 조선 박람회에 축음기가 전시되었습니다. 사람들은 전부 축음기 옆에 와서 '눈을 둥글게 뜨고 멍하니 서서 발을 옮기지 않았다'는 기록이 남아 있어요. 말로만 듣던 축음기를 처음 눈으로 보니 무척 충격이 컸던 모양이죠? 말 그대로 백문이 불여일견이네요. 박람회가 사람들에게 준 영향은 대략 이런 것이었습니다.

혹시 박람회가 무엇인지 알고 있나요? 엑스포(EXPO)라고 하면 좀 더 친숙할까요? 박람회는 그 지역이 얼마나 발전했는지를 보여 주고, 사람들에게 평가를 받는 이벤트입니다. 보통 1851년 영국 런던에서 처음 열렸다고 알려져 있어요. 영국은 박람회를 통해 '대영 제국이 이렇게 강하고 발전한 나라이다'라는 것을 다른 나라들에게 보여 주었던 거죠. 이후 다른 제국들도 영국과 똑같은 이유로 박람회를 열었어요. 미국도, 프랑스도, 일본도 그렇게 했습니다. 어설프게 준비했다가는 오히려 역효과만 날 테니 정말 열심히 준비했어요. 도대체 강하고 발전했다는 걸 보여 줘서 무엇을 어떻게 하려 한 걸까요?

식민지 조선에서도 크고 작은 박람회가 곧잘 열렸어요. 어떤 학자의 정리에 따르면 1910년부터 1945년까지 36차례가 열렸으니 대략 1년에 한 번꼴로 열린 셈이네요. 부인 박람회나 가정 박람회, 기차 박람회, 산업 박람회 등 주제도 참 다양했습니다. 경성, 대구, 부산, 인천, 청진, 진남포 등 열린 곳도 다양했고요. 공진회, 품평회, 박람회 등등 여러 이름으로 불렸습니다. 이 중에서 1915년의 조선 물산 공진회와 1929년과 1940년에 열린 조선 박람회는 식민지 조선에서 개최된 대표적인 박람회로 많이 언급됩니다.

박람회는 일본의 조선 통치를 기념하기 위해 열렸어요. 방금 언급한 대표적인 박람회가 바로 그것이죠. 그때는 이것을 '시정 ○○주년 기념'이라고 표현했습니다. 명색이 조선을 식민지로 다스리기 시작한 걸 기념하는데 박람회장이 썰렁하면 조선 총독부의 체면이 말이 아니었겠죠? 그러니 박람회장은 사람들로 북적북적해야 했습니다. 박람회 때마다 총독부는 보다 많은 사람들이 올 수 있도록 갖은 수고를 마다하지 않았어요. 각 지역에 방문 인원 수를 할당했고, 돈이 없는 사람들에게는 차비를 빌려주었습니다. 교통 시설도 정비했어요. 노래도 만들고 광고도 엄청 많이 했습니다. 그러다 보니 누군가는 '박람회를 보지 못하면 아주 사람 축에도 못 끼는 것 같은 생각'을 가지기도 했죠. 박람회를 보면 '인싸'가 되고 못 보면 '아싸'가 되었던 것입니다.

오른쪽 사진을 보면 참 많은 사람들이 박람회를 보러 왔음을

| 1929년 조선 박람회에 참석한 인파 |

알 수 있습니다. 사람들은 박람회에 전시된 물품들을 보고 신기해하고 감탄했어요. 지금까지 보지 못한 새로운 게 많았으니까요. 그런데 이 '새로운 것'은 언제나 '낡은 것'과 함께 있었습니다. 예를 들어 일본 물품을 전시하는 건물은 서양식으로 짓고, 조선 물품을 전시하는 곳은 그렇게 하지 않는 식으로요. 박람회는 '조선의 고유 문화'가 낡고 미개한 것으로 여겨지도록 유도했습니다. 이렇게 사람들은 옛날, 그러니까 식민지가 아니었던 조선의 낡은 모습과 일본의 새로운 모습을 함께 보는 것이죠.

　박람회는 식민지라는 현실이 더 좋다는 걸 눈으로 보여 주려했습니다. 이를 통해 총독부는 '일본 같은 나라의 식민지가 되었으니 조선도 새로워질 수 있다'는 것을 강조했어요. 자신들의 통치를 조선인들이 자연스럽게 받아들이길 의도한 것입니다. 다시 질문해 볼까요? 도대체 강하고 발전했다는 걸 보여 줘서 무엇을 어떻게 하겠다는 거였을까요? 그것은 식민지 지배가 정당하다는 것을 인정받기 위한 것이었습니다. 그리고 어떤 사람들에게 이것은 아주 효과가 좋았습니다.

하지만 모든 게 총독부의 의도대로 되지는 않았어요. 우리에게는 이 점이 중요하죠. 조선인 중에는 박람회를 '조선의 것을 없애는 회'라고 이야기하는 사람도 많았습니다. 총독부가 박람회를 치르기 위해 다수의 '비정규직'을 고용하자 여기에 모순을 느끼는 사람도 있었습니다. 사람들은 일제가 보여 주는 것만 보지는 않았어요. 무엇을 볼지 스스로 결정하려 했습니다. 이것이 바로 식민지 지배를 받아들이게 하려는 의도에도 불구하고 조선인들의 경험이 다양할 수 있었던 이유겠죠. 우리도 무엇을 볼지 스스로 결정하도록 노력해 봐요. 말 그대로 백문이 불여일견이니까요.

35

가회동에는 왜 한옥이 많을까?

서울에는 북촌이라 불리는 지역이 있습니다. 전통적인 분위기 때문에 사람들이 자주 찾아가죠. 한옥이 밀집해 있어서 더욱 그런 인상을 주는 것 같아요. 외국인들의 필수 관광 코스이기도 하고, 연인들이 데이트하러 자주 가기도 합니다. 그런데 이곳 한옥들이 거의 대부분 일제 강점기에 만들어졌다는 사실을 알고 있나요?

 정세권이라는 사람이 있었습니다. 일제 강점기의 '부동산 개발업자'였어요. 워낙 왕성하게 집을 지어서인지 사람들에게 '건축왕'이라 불렸다고 합니다. 정세권은 땅값과 집값이 오르내리는 상황에 예민했어요. 1935년 11월, 〈삼천리〉라는 잡지에 '천재일우인 전쟁호경기! 어떻게 하면 이 판에 돈을 벌까?'라는 제목의 기획 기사가 실리는데, 정세권은 이런 말을 합니다. "이 기회에 '집 장사'를 하거나 시외의 토지 매매를 잘하면 크게 이익을 볼 것이다." 이미 '집 장사'로 큰돈을 벌어서 할 수 있는 말이었겠죠.

　이 기사에는 이런 구절도 있습니다. "서울 북촌 산 밑 일대는 어느 한 곳 빈틈없이 모조리 산을 파내고 헐어 내어 집을 자꾸 짓는데, 대략 4천여 호가 새로이 생겼을 것이다." 이 4천여 호 중에 정세권이 지은 집이 얼마나 되는지 알 수는 없어요. 하지만 정세권은 이미 '북촌에 집이 많이 생길 것'이라고 예상하고 있었어요. 그는 1920년에 건양사라는 회사를 익선동에 세우고, 북촌의 상황을 예의주시했습니다. 왜 정세권은 이렇게 생각했을까요?

정세권은 경남 고성에서 태어났습니다. 집에 대한 관심은 꽤 일찍부터 가졌던 것 같습니다. 어느 글에서는 '가문의 기운은 집이 좋고 나쁨에 좌우된다'고 언급했어요. 1920년대는 도시가 많이 바뀌는 시기였습니다. 그는 1919년부터 경성에 살면서 인구가 증가하고 집이 부족해지는 현상을 목격했어요. 토막민도 결국 집이 부족해서 생긴 거잖아요? 이건 좋은 사업 아이템이었습니다. 집에 관심이 많고 게다가 사업 수완도 나쁘지 않은데, 여기에 뛰어들지 않을 이유가 있을까요? 건축과 토목이 1920년대의 자본가들에게 블루오션이었다는 점도 영향을 끼쳤습니다.

'어디에, 어떤 집을 지을까?' 스스로 이런 질문을 했겠죠. 당시 일본인 사업가들은 '문화 주택'이라 불리는 새로운 주택 양식에 빠져 있었어요. 그는 일본인들이 아직 건드리지 않은 북촌과 한옥에 주목합니다. 정세권은 옛날 방식의 한옥이 '너무나 비위생적이고, 경제적이지 않다'고 생각했어요. 사업가로서 팔 만한 집을 내놓기 위해서는 이 단점을 반드시 해결해야 했습니다. 당장 한옥 개량에 매달리면서 여러 가지 실험을 거듭합니다. 이 단점만 해결한다면 한옥은 건축비가 상대적으로 저렴했기 때문에 대량으로 지을 수 있었거든요.

최근 연구에서는 '건양 주택'이라는 이름의 개량 한옥을 주목해요. 현관을 만들고, 화장실을 내부에 두었습니다. 지금의 아파트처럼 거실과 방이 사각형 공간에 다 들어왔어요. 지하층에는 아궁이와 수도꼭지, 하수도 등이 있습니다. 한옥의 단점을 최대한 의식하며 설계한 거죠.

사업과 연구는 계속되었어요. 1920년대 중반 이후 집 장사에 실패하는 사업가들이 나오지만, 정세권은 끝내 성공했습니다. 앞선 실험을 토대로 여러 형태의 개량 한옥을 고안해요. 정세권은 스스로 설계한 집들을 한곳에 지어 보고 싶었나 봐요. 1933년에 가회동 33번지 일대 전부를, 1936년에는 31번지 일대의 일부를 사들입니다. 31번지 일대는 95개로, 33번지는 35개로 쪼갰습니다. 현재는 당시의 한옥이 약 90여 동 남아 있다고 해요. 이 집들이 바로 지금의 북촌 한옥 단지를 이루고 있는 것이고요. 건양 주택뿐 아니라 다양한 형태의 개량 한옥이 줄지어 있습니다. 한 연구자가 이곳을 가리켜 '20세기 한옥 박물관'이라 표현한 것은 과장이 아닙니다.

북촌의 한옥 단지는 한 개인의 사업과 연구에 의해 만들어졌습니다. 1930년대 초중반의 일이니 좀 더 지나야 비로소 100년을 맞이하겠군요. 알고 보니 한옥 자체도 조선 시대의 것이 아니었고, 마을도 자연스럽게 형성되지 않았네요.

그런데 당시 이곳의 한옥에는 '여러 지방에서 올라온 지주들'이 살았다고 합니다. 경성인데도 지방의 특징이 마구 섞인 공간이 되었던 거죠. 이런 걸 보면 '전통'과 '식민지 유산'이란 말이 참 아이로니컬하지 않나요? 지금 남아 있는 식민지 조선의 것들은 어쩔 때는 식민지 유산이기도 하지만, 가회동의 한옥들처럼 전통으로 받아들여지기도 하니까요. 전통과 식민지 유산은 언제나 애매한 존재였어요. 분명 앞으로도 그럴 거예요.

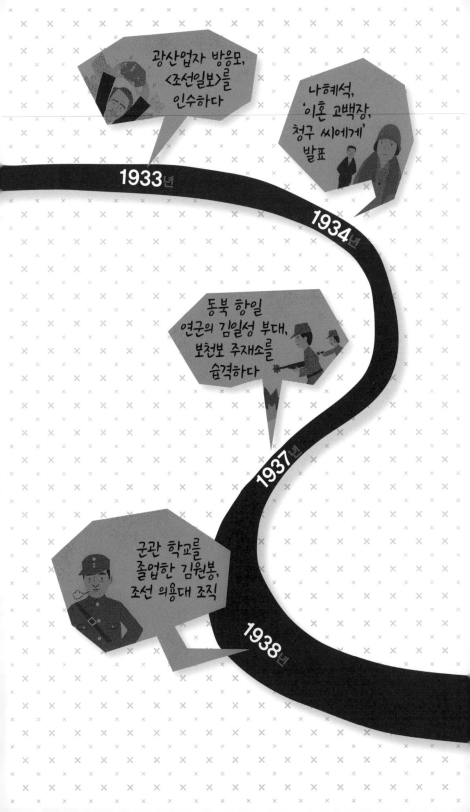

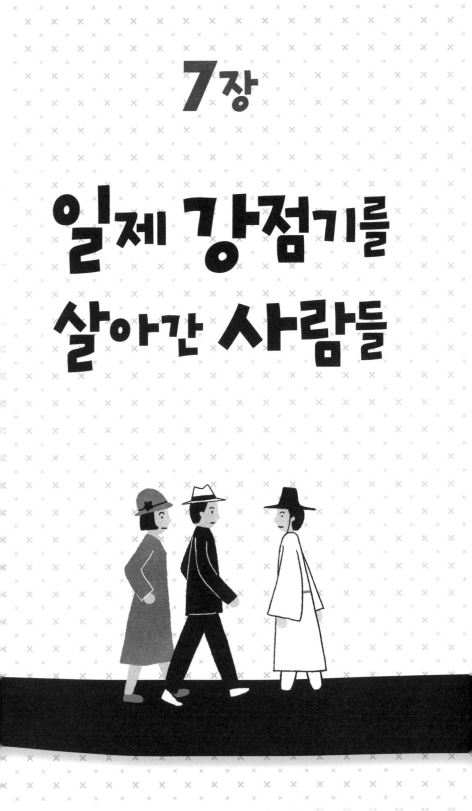

7장

일제 강점기를
살아간 사람들

36

나혜석은 왜 이혼했을까?

페미니즘이란 말을 들어 보았나요? 혹시 이 말에 거부감을 가진 사람도 있을 것입니다. 다만 이 말이 이렇게까지 익숙해졌다는 사실은 참 많은 의미를 담고 있습니다. 역사적으로 '여성이 억압을 받아 왔다'는 명제는, 실로 참에 가깝거든요. 그리고 나혜석처럼 억압에서 벗어나려 한 여성들도 많았습니다.

 나혜석은 조선 최초의 '여성' 서양화가입니다. 사실 이런 이력만으로도 특별한 사람이라고 생각할 수 있죠. 그런데 여러분이 〈삼천리〉 1934년 8월 호에 실린 '이혼 고백장, 청구(青邱) 씨에게'란 글을 본다면 감탄사를 내뱉을지 모릅니다.

조선 남성의 심사는 이상합니다. 자기는 정조 관념이 없으면서 처에게나 일반 여성에게 정조를 요구하고 또 남의 정조를 빼앗으려고 합니다.

이 글이 일으킨 사회적 파장은 작지 않았어요. 그래서 나혜석은 예술가가 아니라 '스캔들을 일으킨 여자'로 인식되고는 했습니다. 나혜석을 한 사람의 온전한 인간으로 평가하는 시도는 비교적 최근에야 시작되었어요. 그녀의 인생은 어떠했을까요? '이혼 고백장'이 나오기까지의 과정을 한번 되짚어 보겠습니다.

나혜석은 1896년에 수원에서 태어났습니다. 수원에서 나씨

집안은 꽤 알아주는 집안이었어요. 덕분에 나혜석은 동시대의 여성이 받기 힘든 교육을 받았습니다. 1913년에 도쿄에 있는 여자 미술 전문학교로 유학을 가서 서양화를 전공하고, 1918년에 졸업했어요. 유학 생활은 나혜석에게 큰 영향을 주었습니다. 이 시기 〈여자계〉라는 잡지에 「경희」라는 단편 소설을 발표했어요. 경희는 '여자이기 전에 사람'이니 '사람인 이상 못할 것이 없고, 남자가 하는 것은 뭐든지 할 수 있다'는 내용이에요. 나혜석은 다른 여성보다 많이 배운 후, 여성에 대해 깊이 고민하기 시작했습니다.

귀국 후에는 여러 방면에서 활동했습니다. 3·1 운동에 참여해 5개월간 감옥에 갇히기도 하고, 나중에는 의열단을 지원하기도 했죠. 예술 분야에서도 활발히 활동했습니다. 개인 전시회도 여러 번 열었고, 잡지에 글도 많이 실었어요. 나혜석은 당시 사회가 여성에게 얼마나 불합리한지를 드러내는 데 거리낌이 없었어요. 여성은 현모양처가 되어야 한다는 통념에 반기를 들었고, 또 강제 결혼과 조혼(일찍 결혼하는 것)에도 반대했습니다.

'이혼 고백장'의 대상은 김우영입니다. 김우영은 나혜석보다 열 살 연상이었어요. 괜찮은 집안에, 일찍부터 일본에서 공부한 수재였습니다. 교토 제국 대학을 졸업했고요. 김우영은 조혼을 했다가 사별한 상태였고 딸이 한 명 있었습니다. 나혜석은 김우영에게 세 가지 결혼 조건을 내세워요. 평생 나를 사랑할 것, 그림 그리는 것을 방해하지 말 것, 시어머니와 전처의 딸과는 따로 살 것. 그리고 남다르게 '공개 청첩장'을 신문에 싣습니다. 결혼 생활에 대한 평생의 각오를 다진 것이었어요.

"상처를 두려워하지 않고 삶을 개척해 나간 나혜석"

나혜석은 아내, 어머니, 화가의 역할을 모두 잘하고 싶었어요. '1분이라도 놀아 본 일이 없'었죠. 하지만 쉽지 않았습니다. 예술가로서의 자기애가 강했던 나혜석은 자신의 정체성이 '아내'와 '어머니'에 갇히는 것을 용납하기 어려웠습니다. 외교관이었던 김우영과 함께 1927년부터 3년간 유럽에 머문 적이 있었는데, 이때 나혜석은 파리에서 만난 최린과 사랑에 빠집니다. 김우영은 간통죄 운운하며 이혼을 요구했고, 나혜석은 이를 받아들입니다. 1930년 10월의 일이었습니다.

당시의 이혼은 여성에게 절대적으로 불리했어요. 친권을 상실했고, 재산을 분할받지 못했습니다. 사회적 비난도 오로지 나혜석에게만 몰렸어요. 그림 도구를 살 돈도 없을 지경이 되었습니다. '이혼 고백장'은 이런 시기에 나온 글이에요. 나혜석은 세 명의 당사자 중에 오로지 자신의 삶만 피폐해진 상황에 반기를 들고 싶었던 거죠. 김우영은 이혼 전부터 다른 여자와 살림을 차렸고, 최린은 간통죄를 피하고자 나혜석에게 이혼을 종용했다가 이후 입

| 신여성을 손가락질하는 남성들을 풍자한 나혜석의 만평
《신여성》 1920년 4월 호) |

을 싹 닦았습니다. '남자는 칼자루를 쥔 셈'이고, '여자는 칼날을 쥔 셈'이었으니 상처는 여성만 받았습니다.

　나혜석은 '이혼 고백장'을 통해 자신만 상처받는 현실에 도전했습니다. 그리고 상처를 두려워하지 않았죠. 페미니즘을 이렇게 생각해 보면 어떨까요? 여성들은 상처받을지 모른다는 두려움에 더 이상 웅크리지 않는 겁니다. 확실히 시대는 달라졌어요. 여성이 웅크리는 거에 익숙한 사람들은 페미니즘이 그냥 짜증날 겁니다. 웅크리지 않는 여성들과 함께할 수 있는 일이 훨씬 많은 건 모르고 말이죠.

37

후세 다쓰지가
'우리 변호사'가
된 이유는?

영화 〈박열〉을 보면 한 일본인 변호사가 열렬히 박열을 변호합니다. 조선인들에게 '우리 변호사'라고 불렸던 후세 다쓰지입니다. '살아야 한다면 민중과 함께, 죽어야 한다면 민중을 위해'라는 묘지의 비문으로 유명해요. 우리는 후세 다쓰지를 어떻게 기억하고 있을까요?

 후세 다쓰지는 1880년에 태어났습니다. 변호사 일을 시작한 것은 1905년인데, '성실한 변호사'라는 평판을 쌓았죠. 1911년, 도쿄에 사무실을 차리고 신문에도 여러 차례 등장했습니다. 1년에 250건이 넘는 사건을 맡고, 하루 평균 4차례나 재판소에 나갈 때도 있었어요. 출세도 하고 돈도 많이 벌었습니다. 그러다가 1920년 6월에 '자기혁명의 고백(다음부터 '고백'이라고 할게요)'이라는 글에서 '주요 활동 장소를 법정에서 사회로 옮기겠다'고 선언해요. '너무나도 겁 많고 나약했던 나 자신을 스스로 부끄러워해야 한다'면서 말입니다.

이 글을 쓴 결정적인 계기가 무엇인지는 알려져 있지 않아요. 하지만 그의 삶은 '고백' 그대로였습니다. 후세는 원래부터 사회적 약자에게 관심이 많았는데, 글을 쓴 이후에는 완전 본격적으로 활동하죠. '고백'에는 앞으로 여섯 종류의 사건만 변호를 맡겠다는 구절이 있습니다. ①관헌이 죄를 뒤집어씌운 사건 ②자본가에게 괴롭힘을 당한 사건 ③관헌이 언론에 간섭한 사건 ④사회 운동을 탄압한 사건 ⑤인간을 차별하는 사건 ⑥조선인과 대만인 사건.

후세는 법률가로서 할 수 있는 거의 모든 것을 했습니다. '변호사 후세 다쓰지'라는 이름을 조선, 대만, 일본에 걸쳐 찾을 수 있는 이유는 저 여섯 종류의 사건이 여기저기에서 일어났다는 의미겠죠. 후세는 1953년 9월에 암으로 사망하기 전, 재일 조선인의 인권과 관련된 사건을 마지막으로 변호했습니다. 사망 직전에도 병상에서 판사에게 편지를 썼대요. '민중'이란 글자가 묘비에 괜히 새겨진 게 아니었던 거죠.

"조선인 편에 선 일본인 변호사"

식민지에 대한 후세의 태도는 어땠을까요? 그는 1919년 2·8 독립 선언에 참여한 조선인 유학생을 변호한 적이 있습니다. 당시 유학생들에게 공감한 변호사들이 몇몇 있었는데, 모두 후세만큼 유명했어요. 어떤 변호사는 "송구하지만 정상 참작을 해 주세요."라고 하죠. 다른 변호사는 '일본은 안채, 조선은 행랑'이라고 비유하면서 무죄를 주장합니다. 행랑 '따위'가 없어져도 안채에는 영향이 없으니 조선인들의 행위가 국가를 어지럽힌 게 아니라는 논리였죠. 후세의 변호는 이들과 확실히 달랐습니다. 국가에 양해를 구하지 않았어요. 오히려 독립이 정당하다며 무죄를 주장해요. 비록 재판에서 졌지만 조선인들은 후세를 신뢰하게 되었습니다.

이후 조선과 관련된 후세의 활동은 늘어납니다. '일본과 한국의 합병은 어떤 미사여구로 치장하더라도 자본주의적 제국주의의 침략이다.' 이렇게 생각했어요. 1923년 7월에 처음으로 조선을 방문해서 의열단원을 변호합니다. 간토 대지진의 여파로 조선인들이 학살되자 진상 규명에 최선을 다하죠. 1924년에는 일본 '천황'을 죽이려 한 의열단원을 변호합니다. 1925년에는 오타루 상업고등학교의 군사 훈련에 항의하는데, 이 훈련은 조선인을 진압하기 위한 훈련이었어요. 1926년에 박열과 가네코 후미코를 변호합니다. 그해 4월에는 전남 나주군 궁삼면의 소작 쟁의를 조사하면서 총독부를 강력히 비판하죠. 1927년 10월에 다시 조선에 와서 조선 공산당을 변호합니다. 1929년에는 조선인 노동자를 위한 단체를 결성했고, 1931년에는 치안 유지법을 위반한 조선인을 변호했습니다. 이후 변호 이력이 줄어드는데, 1932년부터 변호사 자격을 잃었기 때문입니다. 변호 자체가 저항이었기 때문에 법정 소란이 많았어요. 1945년에 재개하죠.

그의 변호로 무죄가 된 조선인은 없었습니다. 독립이 정당하다며 변호를 하는데 어떻게 무죄를 이끌어 낼 수 있었겠어요? 하지만 그를 원망한 조선인도 없었던 것 같습니다. 후세는 최선을 다했고, 조선인은 후세를 믿었습니다. 어째서일까요? 서로가 진정으로 같은 편, 즉 '우리'라고 생각했기 때문이었겠죠? 후세의 양심은 조선인의 양심과 공명하는 부분이 있었습니다. 단지 착한 조선인과 착한 일본인의 관계였다면 절대 '우리'가 될 수 없었겠죠.

　　이건 오늘날에도 영감을 주지 않나요? 후세는 '양심적 일본인'으로 기억되고 있지만, 사실 이 말에는 '일본인임에도 불구하고'라는 무의식이 있잖아요? 오히려 '우리'가 되려면 한국인이나 일본인이라는 사실이 중요하지 않아야 해요. 서로가 노력해야겠죠.

38

물 수 없다면 짖지도 말라고?

혹시 '물 수 없다면 짖지도 말라'라는 말을 어디선가 들어 본 것 같다면, 영화 〈암살〉을 봤기 때문일 것입니다. 극중 염석진이 "물지 못할 거면 짖지도 말아야죠."라는 말을 하거든요. 사실 이 말은 윤치호라는 사람이 자신의 일기에 가끔씩 적던 말입니다. 윤치호는 왜 이런 말을 일기에 적은 걸까요?

 윤치호는 1883년부터 1943년까지 60년이라는 긴 시간 동안 그것도 거의 대부분 영어로 일기를 썼습니다. 윤치호의 영어 실력은 꽤 고급이어서 미국인들도 깜짝 놀란다고 해요. 사실 '거물'들은(전부 그런 것은 아니지만) 세상의 평판을 의식하며 일기를 씁니다. 공개하고 싶은 거죠. 앞서 우가키 가즈시게도 '일기'를 썼다고 했죠? 그가 그러했어요. 그런데 윤치호는 정말 자기만 보려고 일기를 썼다는 게 연구자들의 공통된 분석입니다. 일기에는 그의 진짜 속마음이 담겨 있는 거죠.

윤치호의 일기에는 다채로운 이야기들이 담겨 있지만, 연구자들은 '물 수 없다면 짖지도 말라'는 말을 자연스럽게 떠올립니다. 사실 엄청 즐겨 쓴 표현은 아니었어요. 흐름에 맞게 사용했죠. 예를 들어 1920년 8월 10일의 일기 '우리는 법보다 주먹이 가깝다는 속담을 기억해야 하고, 물 수 있을 때까지는 짖지도 말라는 냉철한 교훈을 유념해야 한다'라든가, 1931년 4월 1일의 일기 '일본인을 위한 조선, 이것이야말로 일본의 국가 시책인 만큼 일본인

위주의 계획과 정책을 의아하게 생각해 봐야 아무 소용이 없다. 물 수 없다면 짖어 봐야 부질없는 짓이다'처럼요. 빈도수와 관계없이 윤치호를 가장 잘 묘사하는 표현임은 틀림없습니다.

윤치호는 '조선 최초'라는 타이틀을 몇 개나 가지고 있습니다. 개항 이후 조선은 근대 문물을 배우기 위해 외국에 사절단을 파견했어요. 1881년 일본에도 보내는데, 바로 조사 시찰단입니다. 윤치호는 조사 시찰단의 수행원으로 일본에 가서 동인사라는 학교에 입학합니다. 조선 최초의 일본 유학생이죠! 1883년부터는 영어를 배우기 시작했어요. 4개월 뒤에는 초대 주한 미국 공사의 통역관으로 조선에 들어옵니다. 조선 최초의 영어 통역사였죠. 4개월 만에 통역이 가능할 정도로 머리가 비상했습니다.

김옥균과 친했던 탓에 갑신정변이 끝난 뒤 조선에 있을 수 없었습니다. 1885년에 중국 상하이에 있던 '중서 서원'에 입학해요. 중서 서원은 미국 감리교회가 운영하던 학교라 자연스럽게 세례를 받고 조선 최초의 감리교 신자가 됩니다. 1888년에 미국으로 건너가 밴더빌트 대학에서 공부하고 1891년에는 미국 남부에 있던 에모리 대학에 입학해요. 미국 유학은 '거의' 최초였어요. 1866년에 태어나 10대와 20대를 외국에서 공부했던 거죠. 당시 조선인 중에 이런 경험을 한 사람은 거의 없었습니다.

"폭력에 굴복하는 것을 부끄럽게 여기지 않은 지식인"

일찍부터 먹은 '외국 물'은 윤치호에게 엄청난 영향을 끼쳐요. 그는 제국과 식민지를 자연의 섭리로 보았습니다. 당시를 약육강식의 시대라고 생각한 거죠. 그래서 1895년에 귀국하면서 '조선이 어떻게 하면 강해질 수 있을까'를 고민했어요. 확실히, 조선은 강해지는 데 실패했습니다. 그래서 윤치호는 조선이 식민지가 되는 게 너무도 당연하다고 생각했죠. 윤치호의 질문은 이제 이것밖에 남지 않았습니다. '식민지가 된 조선이 생존하려면?' 그는 조선(인)을 걱정했지만, '어떻게 하면 독립할 수 있을까?'를 질문하지는 않았던 것입니다.

윤치호는 '약소 민족이 강성한 민족과 함께 살아야 한다면, 자기 보호를 위해 그들의 호감을 사야 한다'며 3·1 운동에 반대했습니다. '힘이야말로 한 국가가 엄청난 값을 치르고 구하는 하나의 상품'이라고도 했죠. 해방되었을 때는 '행운을 고맙게 여겨야' 한다고 했고요. 윤치호는 최고로 똑똑한 사람이었지만 폭력에 굴복한 걸 부끄럽게 여기지 않았습니다. 똑똑한 사람답게 제국과 식민지의 관계에 대해 다른 질문을 했다면 정말 좋았을 텐데 말이죠.

39

김일성은
독립운동가일까?

1950~60년대 '김일성 가짜설'이 유포되었던 적이 있었습니다. 이 말을 믿는 사람들이 지금도 있는 것 같아요. 당시 북한의 지도자인 김일성의 본명이 김성주인데, 사람들을 속이려고 독립운동가 김일성인 척했다는 거죠. 학문적으로는 아무런 가치가 없는 설입니다. 그런데 이 설은 이런 질문을 던지는 것 같아요. 북한과 관련이 있는 인물은 독립운동가면 안 되는 걸까요?

 1937년 6월 5일, 〈동아일보〉 호외가 뿌려집니다. "지난 4일 오후 11시 30분경 김일성 일파와 최현 일파 300여 명은 … 보천보에 나타나 보통학교, 우편소, 면사무소, 소방서 등을 습격하고 방화해 그중 우편소와 면사무소는 전소되었다는 바, 그 통에 그들은 한 명을 사살하고 도주했다." 이 사건은 당시에도 보천보(함남 갑산군 보천면) 전투로 불리며 주목받았습니다. 조선인들은 김일성의 이름 석 자를 확실하게 알게 되었고요. 그의 나이는 스물여섯이었어요. 나중에 이 나이는 '김일성은 가짜'라는 주장의 거의 유일한 근거로 활용됩니다. 한 나라의 지도자치고는 너무 젊다나요?

보천보 전투는 약간 과장되기는 했지만, 일본군에게 큰 타격을 입혔습니다. 만주 지역의 게릴라 부대가 국내에 침투한 일 자체가 정말 놀라운 일이었어요. 하물며 일본 군경의 추격을 유유히 따돌렸다니요! 조선인들에게는 호쾌한 이야깃거리였습니다.

이 사건이 일어나기까지 만주에서는 무슨 일들이 있었을까요? 앞에서 윤동주를 이야기하면서 우리는 만주에 조선인들이 많이 살았다는 걸 알게 되었습니다. 이곳에는 공산주의가 옳다고 여긴 조선인들이 있었어요. 이들은 1920년대 중반 이후, 대부분 중국 공산당에 가입합니다. 조선인들은 생각했어요. '중국 땅에서 독립운동을 하려면?' 중국인들도 생각했죠. '중국 땅에서 일제를 몰아내려면?' 조선인과 중국인은 힘을 합치기로 했습니다. 반면 일제와 친하게 지내서 조선인이 자치권을 얻어야 한다고 생각하는 사람들도 있었어요. 두 세력 사이의 긴장이 이상한 사건을 일으키는데, 이를 민생단 사건이라고 합니다. 사태는 정말 심각했어요. 민생단에 가입한 많은 조선인들이 일제의 '앞잡이'로 오해를 받아 죽임을 당했습니다. 조선인과 중국인의 연대가 와장창 깨진 건 치명적이었죠.

김일성은 이 사태를 수습한 인물 중 하나입니다. 만주에서 일제에 대항하려면 두 민족의 연대는 꼭 필요했어요. 김일성은 조선인에게도, 중국인에게도 큰 신임을 얻었습니다. '조선 독립과 중국 혁명을 이루려면 힘을 합쳐야 해!', '두 민족의 불신을 어떻게 극복할 수 있을까?' 김일성은 이런 질문을 계속 던졌던 거죠. 조선인과 중국인은 연합 군대를 결성합니다(동북 항일 연군). 보천보 전투는 연합 군대의 힘과 조선인의 위상을 증명하는 것이었어요. 이후 만주에서 두 민족 사이가 틀어지는 일은 일어나지 않았습니다.

"독립이라는 목표를 향해
가는 길은 다양했어"

　일제는 1938년 12월부터 이듬해 3월에 걸쳐 대대적인 토벌 작전을 펼칩니다. 독립운동가들은 이를 '고난'이라고 표현할 정도였어요. 이제 김일성은 이런 고난을 함께 이겨 낸 인물로 각광받기 시작합니다. 힘든 일을 함께했을 때 품게 되는 신뢰는 대단하죠. 일본 군경을 농락하고, 고난을 함께 한 인물. 이러니 북한 정권이 수립되고 김일성이 지도자가 되는 것은 꽤 자연스러운 일이었을 겁니다. 만주에서 독립운동의 역사를 함께한 사람이니까요.

　그래서 북한은 대한민국 임시 정부를 인정하지 않아요. 한국이 김일성의 독립운동을 인정하지 않은 것처럼 말이죠. 양국이 서로의 태생 자체를 부정하는 것은 독립운동의 목표가 유일했다고 생각하기 때문일 거예요. 하지만 그렇지 않았습니다. 식민지를 벗어난다는 공통의 목표는 다양한 방법으로 달성되고 있었던 거죠. 식민지 이후의 삶이 다양할수록 독립운동의 가치는 높아지는 게 아닐까요? 김원봉을 이야기하면서 다시 생각해 봅시다. 김원봉의 독립운동은 한국도, 북한도 인정하지 않았으니까요.

40

김원봉은 왜
남에서도 북에서도
인정받지 못했을까?

김원봉이란 이름은 익숙할 거예요. 한때는 언급 자체가 금기시되기도 했지만, 최근 대중문화에 많이 등장했으니까요. 〈아나키스트〉란 영화에 등장하고, 〈암살〉과 〈밀정〉에서는 마치 독립운동계의 '끝판왕' 같은 분위기를 풍기잖아요? 얼마 전 방영된 드라마 〈이몽〉에서도 김원봉이 주인공이었습니다. 말 그대로 드라마틱한 삶이었어요.

1919년 3월, 중국에서 발간되는 신문에는 3·1 운동이 대대적으로 보도되었습니다. 당시 중국에 있던 김원봉은 정말 감격했어요. 그리고 깊은 고민에 빠졌습니다. 그때까지는 군대를 양성해서 무장 투쟁을 하려 했는데, '과연 이걸로 충분할까?' 하는 생각이 머리에서 떠나지 않았어요. '돈과 총만으로 군대를 만들 수는 없다. 우수한 장교와 많은 병사를 언제 양성한단 말이냐?' 김원봉은 군대를 만드는 사이에 덧없이 세월만 흐를 거라고 생각했습니다. 김원봉은 민중을 믿기로 하죠. 민중을 일깨우는 방법을 고민하기 시작했어요.

1919년 11월, 그 방법으로 의열단(義烈團)을 창단했습니다. 민중을 각성시키기 위해 옳은 것(義)을 세차게(烈) 해야 한다는 것인데, '세차다'는 것은 암살과 파괴로 연결되었어요. 일곱 부류(조선 총독 이하 고관, 군부 수뇌, 대만 총독, 친일파 거두, 매국노, 밀정, 반민족적 지방 유지)를 죽이고, 다섯 종류(조선 총독부, 동양 척식 주식회사, 매일신보사, 각 경찰서, 기타 주요 기관)를 파괴하면 민중이 각성할 거라고 본 거예요. 1921년 9월 김익상이 조선 총독부에 폭탄을 투척하고,

1923년 1월 김상옥이 종로 경찰서에 폭탄을 투척한 일은 매우 충격적이었어요. 의열단의 이름은 널리 퍼지기 시작했습니다.

김원봉을 중심으로 의열단의 활동은 점차 정비됩니다. 일제는 의열단을 '죽음을 무릅쓰는 불평배의 집합 단체'라며 몹시 경계했어요. 1923년에는 신채호가 강령을 집필합니다. '조선 혁명 선언'이라고 하는데, 정말 '멋진' 글이에요. '인류를 압박하지 않고 사회를 수탈하지 않는 이상적 조선'을 외쳤어요. 그러기 위해 '끊임없는 폭력으로 강도 일본의 통치를 타도'하고, '우리 생활에 불합리한 모든 제도를 개조'하는 두 가지를 강조했죠. 모두 민중과 손을 잡아야 하는 일이었습니다.

암살과 파괴가 김원봉의 명성을 높이기는 했지만, 생각보다 효과가 크지 않았어요. 더 조직적인 투쟁을 위해 공부를 하기로 합니다. 1925년 가을, 중국 광저우에 있는 황푸 군관 학교에 입학해 이듬해 10월에 졸업을 해요. '겨우 1년?'이라고 생각할 수도 있지만, 이 시간은 정말 중요합니다. 황푸 군관 학교는 중국의 유력한 정치가들이 많이 졸업한 학교라 김원봉의 인맥이 크게 넓어졌거든요. 김원봉의 인맥은 독립운동에 큰 시너지 효과를 냅니다. 1938년 10월에 중국 땅에서 중국 국민당 정부의 공식적인 지원을 받아 조선 의용대를 창설할 수 있었던 것도 김원봉이 '거물'이었기 때문입니다.

"거물 독립운동가였지만
남북 어디에서도 자리 잡지 못해"

1942년부터는 조선 의용대에서의 영향력이 약해졌지만, 그래도 거물로서의 이미지는 여전했어요. 이 시기에는 대한민국 임시 정부에 참여하면서 좌우를 모두 포용해야 한다고 생각했습니다. 하지만 명성에 걸맞은 성과는 없었어요. 일단 김원봉 못지않은 거물들이 거부했고, 무엇보다 그의 명성이 좌우에 걸쳐 있다 보니 어느 쪽도 압도하지 못했거든요. 이러한 상황은 해방 이후 한국에서 더 심해집니다. 여전히 독립투쟁의 상징으로, 그러니까 거물로 대우받았지만 정치인으로서의 힘은 강하지 못했죠. 1948년 4월, 북한에 간 것은 나름의 정치적 결단이었는지 모릅니다. 1958년에 숙청을 당하면서 비극으로 끝나지만요.

하여튼 죽이고 부수다가, 공부하고 공부도 시키더니, 군대를 지휘하고, 정치도 합니다. 중국에서는 공산당, 국민당 모두와 친했습니다. 분명 좌익이긴 한데 임시 정부에도 들어갔고요. 한국에서는 적응에 실패했고 북한에서는 결국 죽임을 당해요. 아이러니컬하게도 독립운동의 다양성은 남과 북을 적으로 만들었습니다. 모두와 친했던 김원봉은 누구와도 친구가 될 수 없었나 봅니다.

신채호는 왜
아나키스트가 되었을까?

프롤로그에서 말한 민족 사학자 신채호는 문학가이기도 했습니다. 「용과 용의 대격전」이란 소설을 볼까요? '미리'와 '드래곤'이라는 두 마리 용이 싸웠다는 이야기입니다. 소설에는 상제, 그러니까 하느님이 나와요. 상제는 천국(天國)에 살면서 땅 위의 민중을 지배했어요. 하지만 민중이 언제 반항할지 모른다며 몹시 불안해합니다. 미리는 상제의 충신입니다. 강대국 민중의 애국심을 건드려 식민지 민중을 지배케 하고, 식민지 민중을 적당히 속이면 문제가 없을 거라며 상제를 안심시키죠. 상제가 기분이 좋아지자 갑자기 사방에서 소리가 들려요. "드래곤이 왔다. 드래곤이 왔다. 이제는 천국의 마지막 날이다." 민중이 천국과 연락을 끊고 지국(地國)을 세웠대요. 미리는 이게 모두 드래곤 때문이라며 싸우러 갑니다. 상제는 행방불명이 되었어요. 상제를 찾아다니던 천사는 만신창이가 된 미리를 만납니다. 대격전은 드래곤의 승리로 끝났고, 상제는 쥐가 되어 쥐구멍으로 도망쳤다는 이야기를 듣죠.

어떤 연구자는 이 소설이 예언 같다고 분석해요. 물론 바람을 담은 예언이었겠죠. 소설은 무진년, 즉 1928년에 일어날 일을 다루고 있거든요. '1928년에는 드래곤이 오고, 민중이 지국을 세우고, 천국이 망하고, 민중이 고양이가 되고, 상제는 쥐가 된다!' 다만 신채호는 소설에 나오는 민중을 조선인으로, 상제를 일제로 한정하지 않았어요. 이 점이 정말 중요합니다. 일본을 비롯한 세계의 모든 제국은 상제의 이름으로 식민지를 지배하고 있었습니다. 제국의 민중과 식민지의 민중은 '서로 잡아먹고' 있었고요. 소설에서 신채호는 이 상황을 완전히 뒤집어 상상했습니다. 제국과 식민지에 사는 '억만 민중'이 고양이가 되는 상상, 이게 도대체 무슨 뜻일까요?

신채호는 1928년에 체포됩니다. 1928년의 바람은 이루어지지 않았어요. 그는 왜 이토록 민중을 강조했을까요? 다행히 힌트가 있는데, 그해 12월의 재판에서 신채호가 이런 말을 하거든요. "나는 의심할 바 없는 무정부주의자요." 그는 아나키스트임을 자임하고 1936년 2월에 생을 마감합니다. 신채호가 독립을 위해 마지막으로 선택한 사상이 민족주의는 아니었다는 뜻입니다. 프롤로그에서 말한 것처럼 원래 그는 철저한 민족주의자였어요. 1909년에 쓴 글의 한 구절을 볼까요? "우리 민족이 아니면 우리를 반드시 해롭게 한다."

'강자는 살고 약자는 죽는다.' 이를 사회 진화론이라고 하는데, 이것이 바로 제국주의의 원리였습니다. 이 책의 여기저기에서 언급했죠. 그런데 이는 민족주의의 원리이기도 했어요. 신채호도 '강해질 수 있다'는 믿음을 강조했습니다. 어느 글에서 '천당은 오직 주먹이 큰 자가 차지하는 집이요, 주먹이 약하면 지옥으로 쫓겨 간다'고 썼을 정도니까요. 하지만 그는 어느 시점부터 민족주의를 강하게 의심했습니다. 혹시 여러분은 어떤가요? 이를테면 이런 질문은 어떻습니까? '만약 조선이 강자가 되면 약자를 죽여도 되는 걸까?' 사회 진화론의 대답은 "Yes!"이지만, 우리의 대답은 달라야 하지 않을까요?

민족주의는 사회 진화론에 입각하기 때문에 제국주의로 기울 수 있습니다. 민족은 경쟁할 수밖에 없고, 경쟁은 반드시 승자(제국)와 패자(식민지)를 낳으니까 민족주의와 제국주의는 서로 연결되기 쉽죠. 이른바 '친일파' 중에서 한때 민족주의자였던 사람들이 많은 건 전혀 이상한 일이 아닙니다. 하지만 신채호는 경쟁이라는 판 자체를 부숴야 한다고 생각했어요. 그래서 민중을 강조하게 됩니다. 민족은 경쟁을 하지만, 민중은 연대를 통해 제국주의를 파괴한다는 거죠. 그는 이렇게 민족주의자에서 아나키스트가 되었습니다.

신채호가 맞았는지 틀렸는지를 말하려는 게 아니에요. 그건 여러분이 알아서 생각하면 됩니다. 다만 민족주의를 의심했다는 것 자체에 주목해 주세요. 그때는 많은 사람들이 민족주의 이외의 상상을 시도하지 못했기 때문입니다. 신채호는 다른 상상을 시도함으로써 그 시대에 다시 질문을 던졌습니다. '너와 나는 먹고 먹히는 게 관계가 아니야.', '다르다는 건 당연한 거야.', '달라도 함께할 수 있지 않을까?'

해방이 되기까지, 해방 이후까지, 그리고 지금까지 이런 질문들은 곳곳에서 다양한 이야기들을 낳았습니다. 이야기는 '너와 나', 바로 관계에서 나오기 때문입니다. 저 질문을 하고 나서야 '함께하려면?' 같은 방법을 고민하기 시작하니까요. 평소에는 인식하지 못하던 사람들을 알게 되고 고민은 점점 구체화됩니다. '빈민과 함께하려면?', '성소수자와 함께하려면?', '이주 노동자와 함께하려면?', '병역 거부자와 함께하려면?', '난민과 함께하려면?' 등등. 이런 질문과 실천이 쌓여 역사가 만들어지죠. 역사는 승자의 것이라느니, 이게 정상이고 저게 비정상이니 어쩌고저쩌고 하는 말들을 모조리 의심하세요. 따져 보면 우리의 질문을 막고 우리를 쉽게 다스리려는 상제와 미리의 말일 뿐이니까요. 우리의 삶에서 역사가 중요해지는 건 질문할 때밖에 없습니다. 말 그대로 질문하는 역사여야 유의미한 것이죠.

질문하는 한국사4 근대

근대는 아픈 역사일까?

초판 1쇄 발행 2020년 5월 8일
초판 3쇄 발행 2022년 9월 7일

지은이 전영욱
그린이 최경식
펴낸이 이수미
편집 김연희, 이해선
북 디자인 신병근
마케팅 김영란

종이 세종페이퍼 인쇄 두성피엔엘 유통 신영북스

펴낸곳 나무를 심는 사람들
출판신고 2013년 1월 7일 제2013-000004호
주소 서울시 용산구 서빙고로 35 103동 804호
전화 02-3141-2233 팩스 02-3141-2257
이메일 nasimsabooks@naver.com
블로그 blog.naver.com/nasimsabooks

ⓒ 전영욱, 2020
ISBN 979-11-90275-15-6
      979-11-90275-08-8(세트)

• 이 책은 저작권법에 따라 보호받는 저작물이므로 저작권자와 출판사의 허락 없이
  이 책의 내용을 복제하거나 다른 용도로 쓸 수 없습니다.

• 책값은 뒤표지에 있습니다. 잘못된 책은 바꾸어 드립니다.